A DINÂMICA DA REVOLTA
sobre insurreições passadas e outras por vir

ERIC HAZAN

apresentação e tradução por Lucas Parente

GLAC edições

este livro, publicado no âmbito do Programa de Apoio à Publicação ano 2020 Carlos Drummond de Andrade da Embaixada da França no Brasil, contou com o apoio do Ministério francês da Europa e das Relações Exteriores.

este livro contou com o apoio
à publicação do Institut Français.

a GLAC edições compreende que alguns dos textos-livros publicados por ela devem servir ao uso livre. portanto, que se reproduza e copie este com ou sem autorização, apenas citando a fonte.

A DINÂMICA DA REVOLTA
sobre insurreições passadas e outras por vir
Eric Hazan

ISBN . 1ª EDIÇÃO
978-65-86598-06-3

AUTOR Eric Hazan
TRADUÇÃO Lucas Parente
ILUSTRAÇÕES Gina Dinucci
EDIÇÃO E PROJETO GRÁFICO Leonardo Araujo Beserra
COEDIÇÃO E PREPARAÇÃO Gustavo Motta
REVISÃO Lia Urbini

© la fabrique, frança, março de 2015
título original: *La dynamique de la révolte –
Sur des insurrections passées et d'autres à venir*

© glac edições, maio de 2021
rua conselheiro ramalho, 945, 1° andar, sala 4, 01325-001,
bela vista, são paulo - sp. glacedicoes@gmail.com

* as ilustrações de capa e contracapa desta edição
são provenientes da série de desenhos sobre papel
"Aprenda a desenhar com as estruturas", realizados em
2019 pela artista Gina Dinucci, a quem agradecemos
imensamente pela contribuição.

apresentação:
sobre o autor e o dinamismo de
se revoltar contra a história
por Lucas Parente   4

9   **PRÓLOGO**

17   **POLITIZAÇÃO**
30   **RELAÇÃO DE FORÇAS**
40   **PARLAMENTARISMO**
51   **VANGUARDA**
115   **OKLAHOMA**

apresentação: sobre o autor e o dinamismo de se revoltar contra a história

Eric Hazan nasceu em Paris no mês de julho de 1936, no verão em que se desenrolava a Revolução espanhola. Filho de mãe palestina de origem judia romena e de pai judeu egípcio, formou-se em medicina e cedo engajou-se no Partido Comunista Francês (PCF), juntando-se à Frente de Libertação Nacional (FLN) durante a Guerra da Argélia. Especializou-se em cirurgia cardiovascular nos anos 70 e viajou para o Líbano em plena guerra, servindo como médico ao lado de exércitos palestinos. De volta à França, dirigiu nos anos 80 a editora *Hazan*, sucedendo seu pai, Fernand Hazan. Editora voltada para livros de história e teoria da arte, *Hazan* publicava densos estudos de autores como Erwin Panofsky, Aloïs Riegl e mais atualmente Daniel Arasse. Em 1994, quatro anos após a morte de seu pai, Eric vendeu a editora *Hazan* ao grupo *Hachette*. Em 1998 fundou a editora *La Fabrique*, da qual até hoje é o editor.

La Fabrique é um marco editorial francês, de viés claramente insurrecionalista. Caracteriza-se pela publicação de ensaios de história política e social, vários dos quais são verdadeiras crônicas intempestivas, que resgatam muito da literatura conspiratória do século XIX. Trata-se de um agenciamento de produções textuais que enxergam e agitam o calor do momento, e que almejam uma dimensão visceral, na contramão de um contexto de esgarçamento geral — político, econômico e cultural. A editora recusa qualquer tipo de filiação a grupos ou partidos, voltando-se quase que exclusivamente para a história, a teoria e a prática de experiências revolucionárias de autonomia, de ilegalismo perante as normas do Estado, de revoltas, motins, insurreições... passadas e futuras. Tensionada entre localismo e internacionalismo, *La Fabrique* publica textos de autores tão diversos como Jérôme Baschet e Houria Bouteldja, de coletivos como o Comitê Invisível e o Coletivo Zetkin, além de textos raros de autores políticos e literários do século XIX, como Auguste Blanqui e Victor Hugo. Os temas dos livros remetem a experiências revolucionárias de localidades e contextos históricos os mais diversos: a comuna de Shanghai, o zapatismo de Chiapas, os feminismos islâmicos, a Revolução espartaquista de Berlim, os perpétuos motins nas *banlieues* parisienses.

Aos 62 anos, Hazan passou a escrever. Ao publicar os cerca de 18 livros de sua autoria, tornou-se uma voz ativa e ouvida frente a crises e revoltas na Europa, no Magrebe e no Oriente Médio. Dentre seus livros, cabe mencionar alguns dos que foram publicados por sua própria editora: *Uma história da Revolução francesa*,[1] obra assumidamente robespierrista que trata da revolução por meio de fragmentos e detalhes, evitando grandes sínteses; *Paris sob tensão*,[2] que revela o surgimento de uma quase-revolução durante a queda de Napoleão, emanada de um movimento de resistência que logo se viu traído pelo entreguismo da burguesia nacional francesa; e *Crônica da guerra civil*,[3] diário que durante um ano relata inúmeros acontecimentos bélicos mundiais e sua midiatização no início dos anos 2000. Hazan fez-se, portanto, historiador, cronista e cartógrafo de conflitos

---

[1] Eric Hazan, *Une histoire de la Révolution française* (Paris, La Fabrique, 2012).

[2] Eric Hazan, *Paris sous tension* (Paris, La Fabrique, 2011).

[3] Eric Hazan, *Chronique de la guerre civile* (Paris, La Fabrique, 2004).

e tensões globais, muitos dos quais pouco conhecidos. Mas, sobretudo, trata-se de um autor singular, que busca clarear detalhes cotidianos da experiência de anônimos que se dedicam à destruição definitiva do Estado.

Podemos ainda citar dois livros publicados por meio de outras editoras: *A invenção de Paris*,[4] o único com tradução brasileira, verdadeira cartografia da cidade pensada espacialmente por meio de círculos concêntricos — como se tratasse de uma cebola ou do próprio inferno — e cujos muros invisíveis são forjados historicamente mediante o enfrentamento entre rebeliões populares e novas tecnologias de controle; e *LQR: a propaganda do cotidiano*,[5] que trata de toda uma sintaxe do neoliberalismo que vem, lenta e continuamente, impregnando a população mundial por meio de mídias publicitárias e informativas.

Em 2015 Eric Hazan publicou este *A dinâmica da revolta*, um livro que se atém ao despontar das revoltas. Trata-se de um verdadeiro amálgama de histórias reais em que mais uma vez se revela o olhar cirúrgico do autor arquivista que se atira em detalhes; sua mirada cartográfica, que busca localizar as revoltas urbanas; e seu olhar de editor, já que o livro é uma verdadeira compilação de histórias insurrecionais, citando diversos textos editados ou reeditados pela *La Fabrique*. Mais uma vez, Hazan evita toda grande síntese, preferindo as conexões tênues. O livro possui uma natureza compósita, que se almeja uma forma aberta, em que prevalece a colagem.

Quanto à presente tradução, é importante ressaltar que o texto de Hazan é permeado de citações, muitas delas alteradas pelo autor. Por exemplo, Hazan traz para o presente do indicativo certos textos escritos no pretérito imperfeito. Trata-se de uma forma de apropriação que faz com que o texto citado se confunda com o próprio corpo da escrita de Hazan. Em contrapartida, a escrita autoral no presente do indicativo acaba por aproximar-nos do estilo dos jornais da época e de outras fontes primárias. Por fim, optamos pela tradução dos textos citados de acordo com seu modo de aparição na obra de Hazan. Quanto às edições originais e às traduções existentes das obras citadas, estas serão assinaladas em notas de rodapé, à guisa de referência e indicação de leitura.

Lucas Parente,
agosto de 2020.

Um agradecimento fraterno a Valérie Kubiak e Julien Coupat pela leitura crítica e pelas preciosas sugestões; a Heitor de Macedo, Jérôme Baschet e Marcello Tarì por todos os esclarecimentos. Este apoio me reconfortou e me encorajou ao longo de todo o projeto.

Censura-se aos jovens o uso da violência. Mas não estamos em um estado de violência perpétua? Posto que nascemos e crescemos em uma solitária, não notamos mais a fossa em que estamos, com ferros nas mãos e nos pés e uma mordaça na boca. O que, então, vocês chamam de legalidade? Uma lei que faz da grande massa de cidadãos gado bom para a corveia, a fim de satisfazer as necessidades artificiais de uma minoria insignificante e corrompida? E a lei que sustenta a brutalidade de um poder militar e a picardia imbecil de seus agentes, essa lei é uma violência brutal e perpétua exercida sobre o direito e sobre a sã razão; e eu a combaterei, na palavra e na ação, onde puder.

Georg Büchner, 1833.[*]

---

[*] Georg Büchner, "Carta à sua família" ["Lettre à sa famille"], datada de 5 de abril de 1833, em *Lenz, le messager hessois, Caton d'utique, correspondance*, prefácio de Jean-Christophe Bailly, trad. fra. Henri-Alexis Baatsch (Paris, Christian Bourgois, 1985), p. 106.

PRÓLOGO

Nos anos 50, os táxis parisienses eram quadrados e bicolores, pretos no alto e vermelhos embaixo, com um taxímetro exterior era ativado com uma chave. Com frequência, os motoristas eram russos brancos,[6] príncipes, dizíamos. Um dia em que estava com minha mãe em um daqueles suntuosos G7, ela emitiu a opinião de que se as coisas continuassem assim, haveria uma revolução. O chofer – blusa cinza, boina preta, *Gitane* vermelho nos lábios – respondeu com um sotaque impossível de transcrever: "Na França, senhora, jamais houve e jamais haverá revolução". A este antigo soldado dos exércitos de Denikin ou de Wrangel este livro poderia ser dedicado.

Se nos fiarmos à opinião do senso comum – ou *conventional wisdom*, equivalente inglês mais crítico –, a revolução não é mais possível nos países desenvolvidos, ou, melhor dizendo, desindustrializados. Aos que sustentam o contrário, não se opõem argumentos, mas um bom senso consternado: olhem ao redor, vocês podem verificar que não acontece nada, que "as pessoas" sequer pensam na revolução. Admite-se com prazer que o mundo está insuportável e que tudo vai de mal a pior; reconhece-se também que os remédios prescritos são, no melhor dos casos, apenas cuidados paliativos, mas não se vai mais longe. De onde vem o pessimismo da época, o das doenças incuráveis.

---

[6] N. da T.: Referência aos russos contrarrevolucionários e monarquistas que haviam tomado parte no Exército Branco ou Movimento Branco, em oposição ao Exército Vermelho (majoritariamente bolchevique) durante a Guerra Civil (c. 1917-23) que se seguiu à Revolução de outubro.

Que no início do século XX tenhamos visto desmoronar impérios que pareciam eternos — o Império Celeste, o Império do Czar e o do Kaiser, os impérios austríaco e otomano —; que mais perto de nós tenham sido abatidas as ditaduras na Grécia, na Argentina, na Tunísia, no Egito, em Burkina Faso e alhures, tudo isso não constitui argumento válido: a noção de continuidade histórica não está na ordem do dia.

Michelet escreveu certa vez: "cada época sonha a seguinte", mas é também verdade que cada época vive a si mesma como excepcional em relação àquelas que a precederam — e a nossa especialmente. Com invenções técnicas e modificações do mapa industrial do mundo consideradas inéditas, espalhou-se a convicção que uma era começou, tão nova que, para compreendê-la, *o passado não serve para nada*. Tal ilusão é fomentada por inúmeros discursos, artigos, livros e emissões diversas sobre "a mundialização", "a crise", "a revolução digital", "as redes sociais" — fenômenos apresentados como etéreos, sem raízes históricas e tão *complexos* que não temos nenhuma chave para a situação que engendraram.

O propósito deste livro situa-se no inverso de tal negacionismo. Procurei localizar na história das revoluções passadas e recentes o que pode nos servir hoje e amanhã para superar o pessimismo ambiente e para pensar a ação comum. O que significa que este texto, que não visa comemorar, nem idealizar, e ainda menos perpetuar tradições, tampouco é "objetivo".

Servir-se da história para falar do tempo presente não é algo evidente. Quando acabou a longa agonia do comunismo de caserna, apareceram duas correntes de pensamento que convergiam ao colocar em questão o papel da história e a relação passado-presente. De um lado, a caça ao que restava do marxismo ortodoxo impulsionou um conjunto de *rejeitos*: do determinismo histórico e da ciência da história, da ideia de um fim inelutável do capitalismo minado por suas contradições, do pensamento dialético e, de modo mais geral, de uma visão totalizante do mundo, herança de Hegel e de Marx. Sob a influência de Foucault em particular, as noções um pouco obesas do discurso filosófico-político – poder, repressão, dominação – se estilhaçaram e a própria luta de classes envelheceu brutalmente. Tudo isso teve um efeito salutar, mas o que daí emergiu é o que se convencionou chamar filosofia pós-moderna, a partir de um termo que teve sua origem na arquitetura. Francesa de origem (Lyotard, mas também Foucault, em minha opinião o primeiro dos pós-modernos), desenvolveu-se nos meios universitários anglo-saxões e voltou em *boomerang*. Os *cultural*, *subaltern* e outros *studies* espalharam a ideia de que apenas valem as lutas das minorias, dos estigmatizados, dos exilados do interior. De fato, as revoluções passadas, cuja história usual repousa nas categorias herdadas do marxismo ("as massas", "as classes"...), viram-se postas na gaveta. De deslize em deslize, atingimos esse relativismo generalizado que, com o niilismo e o cinismo, seus primos, contribuiu para orientar o pensamento no sentido da renúncia, da aceitação de uma ordem lamentável, mas sob a qual deve-se bem viver.

Por outro lado, em paralelo à deriva pós-moderna, e não sem pontes e interseções com ela, desenhou-se uma virada em 180° nos mesmos anos 1980, repudiando novamente a história revolucionária. Nessa época de reação triunfante, o par antagonista opressão-revolta cedeu lugar a uma outra oposição, a da democracia contra o totalitarismo – democracia entendida também como Direitos Humanos. Com a manipulação, em todos os sentidos, de tais misceláneas ideológicas, retém-se das revoluções passadas, acima de tudo, o arbitrário, o sangue derramado, o sacrifício das liberdades individuais. A vontade emancipatória e a busca pela igualdade preparam o advento do Terror e, desde então, a história revolucionária não é mais que um ser repulsivo, um conjunto de lembranças a exorcizar.

Este livro não busca situar as revoluções passadas e as por vir em uma mesma flecha do tempo, orientada em direção a um futuro radiante. Sua abordagem se assemelha mais àquilo que se chama, segundo uma palavra da moda, comparatismo. Porque na história das revoluções é possível localizar sequências que se reproduzem em diversas épocas e em países diferentes. Cada vez, por exemplo, que uma insurreição vitoriosa desemboca na formação de um governo provisório, esse governo se empenha em controlar e depois em combater a revolução – o mais das vezes de forma sanguinária. Foi esse o caso, entre outros, do governo provisório de Lamartine em fevereiro de 1848, que massacrou o proletariado parisiense, insurgido quando dos levantes de junho; do governo de "Defesa Nacional" autoproclamado em 4 de setembro de 1870, que deu a Thiers as rédeas para o esmagamento da Comuna de Paris; do governo provisório do social-democrata Ebert, instalado dois dias depois da vitória da insurreição de novembro de 1918 na Alemanha e que, dissimulado sob a máscara de um "Conselho de Comissários do Povo", afogou em sangue a insurreição espartaquista; do governo provisório de De Gaulle, em 1944, que, com a ajuda do partido comunista, certificou-se em apagar a chama insurrecional da Liberação, desarmando os partidários da resistência e ressuscitando a união sagrada. Pode ocorrer – é muito raro – que um governo provisório fracasse em sua luta contra o movimento revolucionário: tal foi o caso, em 1917, do poder dirigido por Kerensky, mas não por falta de tentativa. No século XXI, os exemplos tunisiano e egípcio mostram que a sequência governo provisório – contrarrevolução continua vigente. Nada de impressionante nisso: aqueles que se autoproclamam como governo provisório não são insurretos de rosto enegrecido pela pólvora, e sim notáveis, muito frequentemente os opositores legais ao regime derrubado pela insurreição. Para eles, a revolução consiste em perseguir aqueles que detêm o poder e sentar-se em seu lugar. Com o movimento popular, que não vê as coisas da mesma perspectiva, a confrontação é inevitável.

Outro exemplo de recorrência histórica: quando o povo insurgido derruba o poder, destrói tanto o aparelho de Estado como a administração de turno, o caos (sempre apontado como uma ameaça apocalíptica) não se produz. Todos os relatos estão de acordo: o que se instala, quando de tais jornadas excepcionais, é uma alegria coletiva, o sentimento de uma fraternidade recuperada, e *a invenção de novas formas de vida*. De Lissagaray a Che Guevara, de John Reed a George Orwell,[7] atores e testemunhas encontram as mesmas palavras para tais momentos de felicidade em que a gente se fala, em que a gente se abraça, em que a gente se organiza, em que o povo insurgente apresenta uma capacidade criadora que

---

7 N. da E.: Hippolyte Prosper-Olivier Lissagaray (1838-1901), participante e notório historiador da Comuna de Paris (1871); Ernesto "Che" Guevara (1928-1967), figura central da Revolução cubana; John Reed (1887-1920), jornalista e militante comunista estadunidense, reputado por seu relato em primeira mão da Revolução russa em *Dez dias que abalaram o mundo* (1919); George Orwell (1903-1950), escritor inglês, militante republicano na Guerra Civil Espanhola (1936-39), de cuja experiência resultou seu livro *Homenagem à Catalunha* (1938).

ninguém havia imaginado. Quando o caos se instala, é, sobretudo, após as intervenções armadas que visam "instaurar a democracia" – no Afeganistão, no Iraque, na Líbia, para ficar nos casos recentes.

Avaliar a possibilidade ou a probabilidade de um acontecimento incorre em pesar suas chances de *começar*. É quase tautológico, mas não inteiramente: uma revolução não forma um todo homogêneo e coerente, e seu momento inicial tem suas próprias particularidades, que justificam a atribuição de autonomia a esse começo. Tal é precisamente o ponto central deste livro: o tempo do disparo revolucionário, "o instante decisivo", como dizia Cartier-Bresson a propósito do dedo sobre o botão de disparo do aparelho fotográfico. A este momento, chamamos frequentemente insurreição – frequentemente, mas não sempre: a palavra não é empregada para o 14 de julho de 1789, nem para o 18 de março de 1871, por exemplo, que são, no entanto, típicas jornadas insurrecionais.

Para as revoluções, há diversas formas de começar. A imagem que vem em primeiro lugar é a de uma multidão invadindo uma sede de poder (as Tulherias em agosto de 1792 e em julho de 1830, o Palácio de Inverno em outubro de 1917) ou de um edifício estratégico (o Hotel Colombo em Barcelona, em julho de 1936, o quartel Moncada em Santiago de Cuba, em julho de 1953). Essa forma provavelmente não se voltará a ver, a menos no Ocidente, porque não há mais lugares simbólicos cuja ocupação seria decisiva. Palácios e ministérios são apenas conchas vazias e já em maio de 1968 os manifestantes passavam diante do Palácio Bourbon sem lhe dar atenção. A obsessão de De Gaulle acreditando estar sitiado por comunistas nos Campos Elísios remete ao que ele era: um homem de outro tempo.

Há casos em que a insurreição nasce e permanece concentrada em uma cidade grande ou uma província. Em 1871, a Paris cercada por prussianos e versalheses não conseguiu estabelecer um vínculo com as efêmeras comunas nascidas em Lyon, em Saint Étienne, em Creusot, em Marselha, em Toulouse, em Narbonne. Em fevereiro de 1967, a Comuna de Shanghai tinha começado a se alastrar como um enxame por toda a China, mas o poder maoísta organizou seu isolamento, obrigando-a até mesmo a mudar de nome.[8] Em 2006, a Comuna livre de Oaxaca manteve-se mais ou menos limitada à cidade meridional mexicana que a havia visto nascer, apesar de seu impacto no país. Uma insurreição vitoriosa que não consegue sair do isolamento está perdida. (Veja-se, na mesma sequência de ideias, o destino do "socialismo em um só país".)

Mas a revolução em suas etapas iniciais pode adquirir uma forma completamente diferente: a de uma onda que parte de um lugar periférico e inesperado, espalhando-se em círculos concêntricos até submergir o conjunto de um território. Uma onda assim varreu a Alemanha em novembro de 1918: lançada pelo motim da frota de guerra em Kiel, propagou-se por outros portos do mar do Norte, depois por Hamburgo, Halle, Leipzig, Munique, tocando Berlim apenas por último. Uma onda também se espalhou quando da Revolução tunisiana de 2011: partiu de Sidi Bouzid, depois da imolação por meio do fogo de Mohamed Bouazizi, estendeu-se primeiramente pelo interior central do país, em particular através de Meknassy e Redeyef – cidade mineira em agitação permanente desde a grande greve de 2008

---

[8] Ver Hongsheng Jiang, *La commune de Shanghai* (Paris, La Fabrique, 2014).

–, depois por Gafsa e pelas cidades da costa, Gabès e Sousse, antes de atingir Túnis [costa norte]. Na França, por exemplo, a insurreição provavelmente ganhará essa forma. Partirá de não se sabe onde, de um movimento ao redor de uma usina nuclear, de uma barragem, de uma ferrovia expressa, de uma universidade em greve, de uma central de tratamento de resíduos, de um ou outro desses pontos de exasperação onde é germinado o incêndio de nossos subúrbios e pacatos campos.

Os episódios insurrecionais em questão neste livro são célebres, mas serão apresentados sob um ângulo oblíquo, que confere uma visão deslocada ante os relatos habituais. Dispus à frente, sem ordem cronológica e mesmo em certa desordem, o que me parece útil ao debate sobre a insurreição hoje em dia. Certamente, muitos dos episódios constituem fracassos, frequentemente sangrentos, mas, como escreveu Rosa Luxemburgo no último número de *Die Rote Fahne*, justo antes de seu assassinato: "Estamos plantados sobre tais derrotas e não podemos renunciar a nenhuma delas, porque de cada uma tiramos parte de nossa força e de nossa lucidez".

Eric Hazan

POLITIZAÇÃO

Em 30 de abril de 1968 aparecia no *Le Monde* um artigo de Pierre Viansson-Ponté intitulado "Quando a França se entedia". O artigo descrevia uma juventude apática que não participava "nem de perto nem de longe das grandes convulsões que sacodem o mundo", estudantes que "se preocupam em saber se as garotas de Nanterre e de Antony poderão entrar livremente nos quartos dos garotos, concepção por demais limitada dos direitos humanos". Ele concluía ironicamente: "É talvez a isso que chamamos, para um povo, a felicidade. Deveríamos arrepender-nos das guerras, das crises, das greves? Somente aqueles que sonham com pragas e colisões, derrocadas e desordens se queixam da paz, da estabilidade, da calma social." Doze dias mais tarde, o Quartier Latin cobria-se de barricadas, centenas de milhares de estudantes e operários desciam às ruas, o país estava paralisado pela maior greve que jamais viu e De Gaulle partia para a Alemanha, assegurando-se da fidelidade do exército. Nós nos distraíamos alegremente. E ninguém viu nada chegando (mas não completamente: em *A Chinesa*, lançado no ano anterior, Jean-Luc Godard tinha dado uma amostra do que seria a juventude de maio, com Anne Wiazemsky, Juliet Berto e Jean-Pierre Léaud nos papéis principais. Este filme premonitório havia sido recebido como um habitual delírio godardiano).

Substituindo "dormitórios de Nanterre e de Antony" por "marcas de jeans e de tênis" ou "último modelo de *smartphone*", o artigo de Viansson-Ponté poderia aparecer hoje em dia tal e qual. É um lugar-comum denunciar o materialismo da juventude, seu pouco interesse pelas "grandes convulsões que sacodem o mundo", em suma, sua *despolitização*. Quando essa mesma juventude se põe a queimar carros, a atacar delegacias ou a destruir vitrines de bancos, não se trata de política: são arruaceiros, encapuçados, jihadistas em potencial que, no final das contas, não merecem mais que o comparecimento imediato perante a lei.

Ou seja, o país está despolitizado, de onde se tira a conclusão que não haverá insurreição. Eis uma forma barata de tranquilizar-se, pois ao menos estamos certos de que existe um vínculo entre a "politização" no sentido usual da palavra e a revolta? Estouraram todas as insurreições do passado numa ebulição de ideias revolucionárias? Estavam os povos que se sublevaram sempre unidos por uma doutrina comum? Estavam a salvo desse materialismo que hoje em dia os maníacos do pretérito do subjuntivo deploram? Pois bem, a resposta é não. Como prova a maneira com que se *desencadearam* as duas grandes revoluções da história do Ocidente, a Revolução francesa e a Revolução russa de 1917. ("Ocidente" é um termo cômodo, mas impreciso: trata-se de uma superfície esburacada. Certos países geograficamente ocidentais – a Bolívia de Morales, o Equador de Correa – saíram da nebulosa ocidental. Outros são ocidentais apenas em parte: a Itália do Norte o é com certeza, mas não Nápoles, nem a Sicília; o México o é em boa parte, mas não Chiapas.)

Sobre as origens culturais ou intelectuais da Revolução francesa, existem obras eruditas que mostram como os filósofos e Rousseau tinham destruído os fundamentos da monarquia de direito divino e estabelecido um clima político novo.[9] Aqueles que desempenharão os primeiros papéis no decurso da revolução conheciam praticamente de cor *A Nova Heloísa* e *O Espírito das leis*. Mas – e é um mas que conta – a revolução *não foi iniciada por eles*. A tradição quer que o primeiro chamado às armas, no dia 12 de julho de 1789, um domingo, tenha sido gritado por Camille Desmoulins, um advogado, condiscípulo de Robespierre no liceu Louis-le-Grand. É possível, mas os que vão se armar e sair em massa em direção à Bastilha não são os leitores de Montesquieu. A comissão reunida em março de 1790 para elaborar a lista oficial dos participantes da tomada da Bastilha, os *Vainqueurs de la Bastille*, estabelece que a maioria mora no Faubourg Saint-Antoine e é trabalhadora: 51 carpinteiros, 45 marceneiros, 28 sapateiros, 28 diaristas, 27 escultores, 23 gasistas, 14 comerciantes de vinho, 11 gravadores, 9 joalheiros, alguns chapeleiros, fabricantes de pregos, marmoreiros, fabricantes de mesas e tabuleiros, alfaiates e tintureiros.[10] Sua consciência política vai se formar no decurso dos próprios acontecimentos, como narra um dentre eles, um trabalhador ourives chamado Jean Rossignol: "Em 12 de julho de 1789, eu não sabia nada da Revolução, e não tinha nenhuma dúvida de tudo aquilo que podíamos tentar." É domingo, ele dança em uma taverna quando nota que as barreiras estão sendo queimadas. No dia seguinte se depara com

---

9 Ver Daniel Mornet, *Les origines intellectuelles de la Révolution française* (Paris, Tallandier, 2010 [1933]); Roger Chartier, *Les origines culturelles de la Révolution française* (Paris, Seuil, col. "Points Histoire", 2000 [1990]) [ed. bras: *Origens culturais da Revolução francesa*, trad. Chris Schlesinger (São Paulo, Edunesp, 2009)].

10 Ver Albert Mathiez, *Les grandes journées de la constituante* (Paris, Éditions de la Passion, 1989), p. 32.

a multidão que se apodera dos fuzis nas lojas de armas. O espetáculo lhe interessa.

> Eu fui ao Palais-Royal. Lá, vi oradores que, de pé sobre mesas, discursavam aos cidadãos e diziam verdades que eu começava a apreciar. Todas as suas moções tendiam à destruição do regime da tirania e chamavam às armas para expulsar as tropas que estavam no Campo de Marte. Eu apenas desejava o instante em que pudesse ter uma arma...

Ele volta ao seu bairro, o Faubourg de Saint-Antoine, onde, em uma igreja, escolhiam-se os oficiais da milícia em formação.

> Entre conhecidos nos reunimos e éramos mais de sessenta em um instante, todos decididos [...]. Nós entramos na igreja; aí vimos todos aqueles grandes aristocratas agitarem-se; eu digo aristocratas porque, na assembleia, aqueles que falavam eram na maioria cavaleiros de Saint-Louis, marqueses, barões etc. Aí, estávamos ocupados em nomear comandantes, subcomandantes e todas as posições eram dadas àqueles cavaleiros de Saint-Louis. Finalmente fiz um pronunciamento contra essas nomeações porque nenhum cidadão fora chamado. Estava tão ultrajado de ver aquele clã infernal associando-se para comandar os cidadãos que pedi a palavra. [...] Disse que devíamos nos reunir por bairros, estando todos armados, cada qual deveria ter o direito de nomear o seu chefe.[11]

Este Rossignol que "não sabia nada da revolução" no início de julho de 1789 se tornará uma das grandes figuras do Clube dos Cordeliers, um dia comandará as tropas republicanas do Oeste e mais tarde se unirá à Conspiração dos Iguais de Babeuf.

---

11 Victor Barrucand, *Vie véritable du citoyen Jean Rossignol* (Paris, Plon, 1896), p. 71.

Os camponeses que conduziram a revolta no campo durante o verão de 1789, as mulheres que tomaram em outubro o caminho de Versalhes e devolveram o rei a Paris, as grandes multidões anônimas não conheciam nem Condorcet nem Mably; elas marchavam sob a força da cólera, do medo e da fome. Sua educação política *se fará mais tarde*, no decurso dos acontecimentos revolucionários, por meio dos artigos de Marat em *O amigo do povo* ou nas Sociedades Fraternais – como a de Claude Dansart, diretor de pensionato que reunia à noite, em uma pequena sala sob o Convento dos Jacobinos, os artesãos, os vendedores de frutas e legumes do bairro, com suas mulheres e crianças, e lia-lhes, à luz de uma vela que trazia no bolso, os decretos da Constituinte, que em seguida explicava.

A Revolução de 1917 na Rússia também é notada por ter se desdobrado em um clima de forte politização. Mas como ela se *desencadeou*? Ela começa com os levantes do 23 ao 27 de fevereiro – outubro é outra história, de que Eisenstein, John Reed e outros criaram uma imagem tão forte que tende a recobrir o conjunto do ano memorável, deixando à sombra o momento revolucionário inicial.

Em meados de fevereiro, quando a guerra resulta em desastre, a farinha começa a faltar em São Petersburgo e a municipalidade decide instituir bilhetes de racionamento. Com a notícia, as mulheres fazem filas diante das padarias apesar do frio glacial, rebentam incidentes, algumas vitrines são destruídas, a tensão aumenta (as mulheres e o pão, como em setembro-outubro de 1789 em Paris). 23 de fevereiro é o Dia da Mulher. Nos círculos de extrema esquerda, planeja-se uma celebração por meio de reuniões, discursos, distribuições de panfletos.

Nenhuma organização preconizou a greve para aquele dia. E mais, uma organização bolchevique das mais combativas, o Comitê do Bairro Operário de Viburgo, desaconselhou toda e qualquer greve.[12]

Nesse momento, o partido bolchevique está reduzido a pouca coisa. Ele havia sido decapitado no começo da guerra, quando seus deputados e seu comitê central foram detidos, condenados e deportados. Em fevereiro de 1917, Lenin e Zinoviev estão na Suíça, Kamenev, Sverdlov, Rykov e Stalin na Sibéria, Trotsky em Nova Iorque. O "gabinete russo" do partido se compõe de três membros: Shliapnikov, velho militante, antigo operário metalúrgico; Zalotsky, outro metalúrgico; e Scriabin, ex-estudante, mais conhecido pelo nome de Molotov. O movimento operário está esmigalhado em grupos autônomos e clandestinos, os poucos jornais que reaparecem ilegalmente não possuem grande audiência.

Na manhã do dia 23 de fevereiro, as trabalhadoras do setor têxtil, ignorando todas as diretivas, descem às ruas. Os trabalhadores das grandes usinas metalúrgicas Putilov, que uma greve patronal expulsou das oficinas, seguem-nas aos milhares. Os arrabaldes populares entram em greve, bandeiras vermelhas aparecem e se dão confrontos com a polícia. No dia seguinte o movimento se expande, a multidão se espalha por todos os bairros da cidade, perseguida pela polícia, mas as mulheres e os operários começam a estabelecer contato com os cossacos e o exército: "Ao redor dos quartéis,

---

12 Leon Trotsky, *Histoire de la Révolution russe. I. La Révolution de Février* (Paris, Seuil, col. "Points Essais", 1995 [1930-1932]), p. 143 [ed. bras.: *A história da Revolução russa. I. A queda do tzarismo*, trad. E. Huggins (Brasília, ed. Senado Federal, 2017), p. 128].

junto às sentinelas, patrulhas e cordões de barricadas, trabalhadores e trabalhadoras se agrupavam, trocando palavras amigáveis com a tropa."[13]

No dia 25, a greve se espalha, estudantes se juntam ao movimento, os bondes não funcionam mais, a maior parte das lojas está fechada. Diante da catedral de Kazan, a polícia montada abre fogo sobre a multidão, mas a tropa hesita e, seguidas vezes, recusa-se a atirar. À noite, o gabinete bolchevique decide publicar um panfleto convocando à greve geral por toda a Rússia, no momento em que a cidade entra em insurreição armada. "A direção observa do alto, hesita, retarda, ou seja, não dirige. Está a reboque do movimento."[14]

Nos dias 26 e 27 de fevereiro, os operários afluem dos arrabaldes ao centro da cidade. As pontes sobre o Neva são bloqueadas pela tropa, mas a multidão passa sobre o gelo. A batalha se generaliza, com mortos às dezenas, mas o vento muda quando os soldados do regimento da Volínia, os da Lituânia, depois o regimento de Preobrajenski e mesmo os agentes de segurança do czar unem-se à causa comum dos operários. O último punhado de tropas fiéis ao regime se refugia no Almirantado, transformado em quartel-general, mas no fim do levante se dispersa; a insurreição é vitoriosa, o czar prepara suas malas.

Citarei para concluir um historiador bolchevique:

A Revolução de fevereiro de 1917, insurreição anônima, foi um levante espontâneo das massas: ela surpreendeu todos os socialistas, inclusive os bolcheviques, *cujo*

[13] Leon Trotsky, *Histoire de la Révolution russe* [1930-1932], t.I, p. 146 [ed. bras.: *A história da Revolução russa*, t.II, p. 131].

[14] Leon Trotsky, *Histoire de la Révolution russe* [1930-1932], t.I, p. 154; ed. bras.: *A história da Revolução russa*, t.I, p. 138.

papel, enquanto organização, foi nulo em seu desencadeamento, quando até mesmo os militantes, individualmente, desempenharam nas usinas e nas ruas o papel de animadores e de líderes.[15]

Como no verão de 1789 na França, foram a cólera e a fome que colocaram a multidão em movimento, sem chefes nem ideias políticas além de "isto não pode mais perdurar!".

Há no entanto insurreições e revoluções que começaram em uma atmosfera politicamente agitada. É o caso particularmente da Comuna de Paris e da Revolução espanhola de 1936. Tanto uma quanto a outra foram precedidas por um longo período conturbado em que greves, manifestações, ataques, golpes duros também criaram vínculos, novas amizades, onde uma série de ações executadas em comum arrebatou as subjetividades e a paisagem. Seria possível dizer que tais revoluções começaram antes da data oficial anunciada nos livros de história.

Assim, a insurreição comunalista do 18 de março de 1871 tem suas raízes no longo cerco de Paris durante o inverno de 1870-1871. Os republicanos "jacobinos", os Internacionais, os blanquistas – cujo chefe acabara de ser levado à prisão por conta de sua participação na jornada insurrecional do dia 31 de outubro de 1870 –, a pequena burguesia revoltada pela traição do governo de "Defesa nacional", a boemia estudante e artística, todos aqueles indivíduos e grupos frequentemente opostos entre si durante os últimos anos do Império,

---

15 Pierre BROUÉ, *Le parti bolchevique* (Paris, Minuit, 1963), p. 80. Grifo meu [ed. bras.: *O partido bolchevique*, (São Paulo, Sundermann, 2014)].

vão juntos conduzir o levante do 18 de março, êxito total, sem derramamento de sangue ou quase. É que durante o cerco eles se encontravam nos mesmos batalhões, haviam juntos disparado, conversado e formado o Comitê Central da Guarda Nacional – em que se encontrava tanto Varlin, operário encadernador, membro da Internacional, quanto Flourens, ex-professor no Collège de France. Mais uma vez, é da ação comum que emerge a verdadeira política, e não o contrário.

Os acontecimentos que precedem a Revolução de 1936 na Espanha são muito diferentes, mas aí também é no período dos distúrbios que seguem à proclamação da república (1931) que se forma a consciência política do povo. Contra as velhas forças dirigentes – o exército, a Igreja, os grandes proprietários de terra –, os operários e os camponeses pobres engajam-se em uma série contínua de greves, de ataques à mão armada de edifícios públicos, de ocupação de terras, de sabotagens, de levantes insurrecionais. Os movimentos são reprimidos, mas as prisões e os fuzilamentos não fazem mais que alimentar o furor popular. No decurso dessa quase guerra civil, vemos os anarquistas se organizarem, parte dos socialistas passar do reformismo à luta armada, os comunistas ortodoxos saírem do estágio de grupelhos e os dissidentes "trotskistas" tornarem-se um grupo que se fará notado. Certamente, esses movimentos, sindicatos e partidos estão em concorrência e mesmo em luta aberta, mas a desordem aparente não impedirá sua reação comum frente ao golpe de Estado fascista.

Mas é também possível que o encontro entre efervescência política e insurreição se perca, que uma situação percebida como pré-revolucionária acabe por se desmanchar, terminando em desencorajamento e repressão. Como explicar que o excepcional movimento da Autonomia italiana dos anos 1970 não se concretizou, não desembocou em uma revolução? Sem chegar a lançar uma grande onda insurrecional que varresse tudo com sua passagem, a Autonomia tinha, entretanto, conseguido criar novas formas de vida, "reunindo Marx e antipsiquiatria, a Comuna de Paris e a contracultura norte-americana, o dadaísmo e o insurrecionalismo, o operaísmo e o feminismo; fazendo colidir Lenin e Frank Zappa; passando um rolo compressor sobre os resíduos da Terceira Internacional incrustados nos grupos e na ideologia da esquerda". É "a afirmação de um modo de vida comunista, a ser defendido com armas na mão se preciso fosse", que "em nada se parecia com o 'comunismo democrático' e penitencial predicado pela esquerda, e menos ainda com aquele comunismo feroz e endurecido, oriundo da Resistência, praticado por seus pais ou avós".[16] Mas o movimento encontrou diante de si um partido comunista fortemente decidido a derrubá-lo, que dispunha tanto de sindicatos oficiais quanto da magistratura. Naquelas condições era muito difícil conduzir a guerra contra o aparelho de Estado, ao mesmo tempo em que se ampliavam as formas de vida que o movimento inventava a cada dia: na ação, a contracultura levava a melhor sobre a dimensão material. A derrota de 1979-1980 explica-se antes de tudo pela incapacidade de manter juntos os dois níveis. E nas situações

---

[16] Marcello Tarì, *Autonomie!* (Paris, La Fabrique, 2011), p. 48 [ed. bras.: *Um piano nas barricadas: por uma história da Autonomia, Itália 1970*, trad. edições Antipáticas, Portugal (São Paulo, coedição GLAC e n-1, 2019), p. 67]. Agradeço a Marcello pelos esclarecimentos acerca de todos estes pontos.

revolucionárias recentes que terminaram rapidamente – como na Grécia em dezembro de 2008 –, o que fez falta não foi a politização, mas a concepção comum de uma estratégia e daquilo que poderia ter sido a vitória.

Depois de todas essas variações, de volta ao tema inicial: não é a difusão de ideias políticas que cria o clima insurrecional, mas a escalada de uma cólera que de repente transborda as distrações habituais, campanhas eleitorais, catástrofes climáticas ou desvios do dinheiro público. Estaria então em cólera, a França de hoje? Eu me lembro que num dia de maio de 1968, em um corredor do hospital Laennec, um dos meus mestres, médico cirurgião de entendimento sutil, me disse: "Meu velho, em um país onde as duas preocupações principais são a luta contra a obesidade e a procura por um vaga para estacionar o carro, eu não compreendo o que todos eles têm". Meio século mais tarde, a mesma cegueira aflige aqueles que "produzem opinião", jornalistas, filósofos de palanque, sociólogos e políticos. A cólera, eles não a frequentam, salvo em pesquisas de campo quase etnológicas. Moram quase todos na região central de Paris, um mau observatório, onde a atomização se encontra no ápice e onde os locais de encontro são raros e dispersos.

Mas mesmo em Paris, algumas vezes assistiu-se a cristalizações inesperadas. "Em 1932", conta Roger Vailland,

> eu era um jovem jornalista em um grande diário; me lembro muito bem de certas conferências de redação, onde nos diziam: Hitler, Mussolini, a crise americana, os assuntos soviéticos, nosso público os têm até o pescoço; o que o interessa é a vida de todos os dias. [...] E é verdade, os inspetores de venda do jornal confirmavam, os franceses, naquele ano, não queriam mais ouvir falar de Hitler nem de Mussolini; eles começavam a

comprar bicicletas Tandem para passear aos domingos. [...] Quatro anos mais tarde, as vendedoras ocupavam as Galerias Lafayette e os empregados dos ministérios marchavam de punho erguido exigindo "canhões, aviões para a Espanha". As vendedoras também entoavam: "O fascismo não passará".

Eu acredito que hoje em dia, mesmo aqueles que estão na idade de lembrar, esqueceram o que era, antes de 1936, uma vendedora de loja de departamento. [...] Ela não tinha nunca sido "organizada", ela era vendedora, estado transitório; ela não ganhava o suficiente para viver, mas era melhor do que ser desempregada; nunca se havia ensinado nada a ela, nada mais que o respeito, não o respeito por si mesma, mas pelos outros: o respeito ao cliente e o respeito ao chefe de vendas. Ela não era "despolitizada", ela era anterior a toda política. O respeito (imposto, assujeitado) é o contrário da política.

Ora, em junho de 1936, as vendedoras das lojas de departamento puseram à porta os clientes e os chefes de vendas, ocuparam os caixas, organizaram-se "no local de trabalho", como se dizia então, como em um quartel-general. Como faziam ao mesmo tempo, claro, os metalúrgicos, os mineradores etc. Mas o extraordinário era que as vendedoras também entrassem em greve no trabalho. Eis então que cantam *La Carmagnole* e *A Internacional*, levantam o punho, fundam sindicatos, sindicatos políticos que exigem não somente férias pagas, mas que as vendedoras das lojas de departamento também tivessem sua palavra sobre os assuntos do país.[17]

Aqueles que admitem que de fato existe uma cólera de fundo, uma cólera política e popular, consideram que ela vai no mau sentido, aquele do racismo, do antissemitismo, da busca por um poder forte que mande embora toda a escória. Dá-se por prova o considerável sucesso

17 Roger Vailland, *Éloge de la politique* (Paris, Le Temps des cerises, 2012), p. 24-28.

dos vídeos de Soral e Dieudonné.[18] A burguesia cultural reprova os operários por se terem posto a votar na Frente Nacional mais do que no Partido Comunista; ela acha que o povo é decididamente reacionário. Quanto aos progressos fulgurantes do fascismo na França, o que existe é a exasperação das pessoas que não suportam mais os quadros políticos e ideológicos impostos, que dão coices, que se deixam influenciar por todo tipo de apelo na ausência de movimentos revolucionários aos quais possam ouvir e aderir. Ora, é precisamente a burguesia cultural que contribui para tal ausência, que trabalha instintivamente para a desmoralização política geral, ora por meio da calúnia, ora por meio do escárnio, frequentemente por meio do silêncio. A partir do momento em que a situação sair do controle, quando "o movimento real que abole as condições existentes" fizer sua aparição nas ruas, veremos a dissolução dos fenômenos fascistoides. Neonazis à parte, esses irrecuperáveis de nuca raspada, será mesmo que acreditamos que os proletários, que votam na extrema direita por ódio a um sistema que os ignora, permanecerão diante de sua televisão? Não virão juntar-se a seus irmãos de classe? Tenhamos confiança neles.

---

18 N. da E.: Referência a Alain Soral (1958-) e Dieudonné M'Bala M'Bala (1966-), figuras multimidiáticas de extrema-direita, hoje *youtubers*. O primeiro, que se descreve como "nacional-socialista francês" (*sic*), começou sua carreira na indústria cultural francesa como roteirista de televisão e ensaísta; enquanto o segundo, que se autointitula "antissionista antissistema", começou como humorista.

RELAÇÃO DE FORÇAS

A questão é muito célebre: "O papa? Quantas divisões?". Stalin não podia prever que um dia os destroços daquilo que ele havia tão metodicamente implementado seriam varridos por um papa, polonês ainda por cima, e que as forças não seriam mais avaliadas de acordo com o número de tanques T-34. A noção de "relação de forças" fornece como apoio a qualquer argumento a sua "objetividade" — as duas palavras do sintagma pertencendo ao vocabulário científico. De modo que se ouve dizer: a insurreição é impossível, e ainda bem, porque se ela estourasse, seu esmagamento seria inelutável, *em vista da relação de forças*. De que seriam capazes os coquetéis Molotov (quais teriam sido os desvios que teriam levado a arma número 1 da guerrilha urbana a portar o nome de um dos mais cinzentos burocratas soviéticos?), os paralelepípedos e as armas de brinquedo contra as maravilhas da tecnologia antimotim apresentadas no salão Milipol (Salão Mundial de Defesa e Segurança Interior) em Paris em 2013 e no Qatar em 2014?

Uma relação de forças não é mais que um instantâneo fotográfico. Evolui sob o efeito da dinâmica insurrecional, e por vezes muito rápido: vimos inverter-se no decurso de um mesmo dia — pensemos apenas no 14 de julho de 1789. Colocar sobre um prato da balança policiais com seu arsenal e sobre o outro prato seres humanos em revolta remete a um modo contabilista de enxergar o mundo. Utilizar a noção de relação de forças para julgar a possibilidade de uma insurreição ou as suas chances de sucesso é como tomar um fotograma para contar um filme. Curiosamente, esta maneira de pensar antidialética, para dizer o mínimo, é frequentemente utilizada por marxistas (mas não por Marx, salvo engano).

Faz parte da natureza de toda insurreição a situação de inferioridade numérica na hora de seu desencadeamento – menos numerosa, menos bem armada, menos bem organizada que o outro lado. Que chances tinha aquele grupo de insurgentes que partiu em guerra na Sierra Maestra – Che Guevara, os irmãos Castro, Camilo Cienfuegos e alguns outros – com "vinte e três armas em bom estado: nove fuzis com visor telescópico, cinco semiautomáticas, quatro fuzis de ferrolho, duas submetralhadoras Thompson, duas pistolas-metralhadoras e um fuzil calibre 16"?[19] E, dez anos mais tarde, em Shanghai, trabalhadores e guardas vermelhos que ousaram entrar em confronto com um partido comunista e um poder municipal cimentados na ortodoxia – e que conseguiram, no entanto, tomar o poder na cidade e proclamar a Comuna?

Os insurretos, aqueles que se sublevam e se põem de pé, podem, no começo, apenas constituir grupos pouco numerosos, como aqueles ao redor de Auguste Blanqui, de Emiliano Zapata ou de Georges Guingouin – que, sozinho no mato em 1941, [durante a ocupação nazista], três anos mais tarde adentrou Limoges encabeçando um exército. Eles podem também reunir de imediato uma multidão, como detrás do caixão do general Lamarque no começo das jornadas de junho de 1832, que viram a

---

[19] Ernesto Guevara, *Souvenirs de la guerre révolutionnaire cubaine* (Paris, Mille et une nuits, 2007 [1963]), p. 27-28 [ed. port.: *Episódios da guerra revolucionária I e II* (Lisboa, Iniciativas Editoriais, 1975)].

morte de Gavroche e de Enjolras em Saint-Merri. Mas qualquer que seja o número, o que leva ao insurgir--se não é a avaliação de uma proporção, nem de um cálculo de probabilidades, mas uma necessidade interior experimentada coletivamente, a certeza partilhada que "agora temos que ir".

Muitas vezes aconteceu que, uma vez desencadeada uma insurreição, esta esmorecesse, e que sua própria lembrança fosse engolida. Para aquelas que chegam a se desenvolver, o sucesso (a inversão da "relação de forças") se deve a dois elementos principais: as "massas" pondo-se em movimento e a deserção das forças de ordem. O efeito bola de neve pode ser rápido: um dia apenas para a insurreição comunalista de 18 de março de 1871, que viu as multidões convergirem dos quatro cantos de Paris para tomar o Paço Municipal e o batalhão de polícia à noite; uma semana para a Revolução de novembro de 1918 na Alemanha, entre o motim da frota em Kiel e a proclamação da "república socialista" por Karl Liebknecht do balcão do palácio imperial; menos de três semanas para a Revolução egípcia de 2011, das primeiras manifestações de 25 de janeiro no Cairo até a derrocada de Mubarak em 11 de fevereiro. (Que essas insurreições e revoluções tenham sido em seguida desviadas, recuperadas ou massacradas é outro assunto. Aqui se trata não da história das revoluções, mas de seu desencadeamento.)

As insurreições por vir assumirão sem dúvida a mesma reviravolta súbita, graças em particular às redes sociais que, se em tempos ordinários são apenas exaustores que permitem dizer qualquer coisa sem riscos nem consequências, tornam-se, em períodos de guerra civil, uma ferramenta preciosa – uma ferramenta e não um motor: uma insurreição não surgirá jamais de uma coalizão de indivíduos atomizados, repentinamente reunidos por *bytes*. Na Tunísia e no Egito, *Facebook* e *Twitter* serviram para que os grupos se comunicassem entre si, para conhecer instantaneamente a situação em todos os *fronts*, para coordenar os movimentos táticos. No Cairo, o levante do dia 25 de janeiro foi organizado a partir de vinte pontos de encontro anunciados na internet, mais um vigésimo primeiro que não estava anunciado, em Bulaq al-Dakrur, um bairro pobre afastado do centro e negligenciado pela polícia. O grupo formado nesse local mantido secreto nas redes cresceu pelo caminho e foi o primeiro a alcançar a praça Tahrir, os outros foram chegando em pequenos ajuntamentos, tão numerosos e tão bem dirigidos pela internet que os policiais não conseguiam bloqueá-los.

Foi-se o tempo em que era necessário uma semana para que a notícia da queda de Luís Filipe I chegasse a Berlim, Viena, Milão e Budapeste, eriçando barricadas em todas essas capitais. Nas insurreições por vir, a difusão instantânea de notícias engendrará uma reação em cadeia bem mais vasta e mais rápida do que naquela primavera dos povos de 1848, ou durante os acontecimentos que sacudiram o mundo em 1968. Que se desencadeie no México, na Turquia ou em Corrèze, a revolução não conhecerá fronteiras e não haverá nenhum refúgio certo para as oligarquias em fuga. (A Coreia do Norte? Talvez.)

No desenrolar das insurreições, a deserção da política e/ou do exército constitui uma mudança decisiva. No ano de 1830, em Paris, no último dia das Três Gloriosas, Marmont tinha concentrado suas tropas em um quadrilátero alongado entre o Sena e a rua Saint-Honoré, com a leste a colunata do Louvre e a oeste a praça Luís

XVI (atual praça da Concórdia).[20] Ele julgava a posição inexpugnável, mas no fim da manhã informou-se que o 5º e o 53º regimentos de linha, estacionados na praça Vendôme, passavam para o lado do povo, abrindo um buraco enorme no dispositivo de defesa. Algumas horas mais tarde, o Louvre era capturado, a insurreição tomava-o. Em julho de 1936, em Barcelona, a contribuição das guardas de assalto, tropas de elite, foi determinante na vitória sobre os fascistas. Mais recentemente, a polícia (quando da Revolução tunisiana) e o exército (quando da Revolução egípcia), depois de terem atirado sobre o povo durante vários dias e matado muita gente, terminaram por recusar obediência a seus oficiais, e certas unidades chegaram ao ponto de confraternizar com os insurgentes.

Esta conversão de soldados e policiais explica-se pelo desgosto e pelo medo – desgosto da matança e medo de serem por sua vez fuzilados ou enforcados. Assim, a polícia parisiense, depois de quatro anos de colaboração ativa com o ocupante nazi, tomou o prudente partido de se unir à insurreição em agosto de 1944. Os muros parisienses têm placas lembrando que

---

20 N. da E.: *Três Gloriosas* refere-se às jornadas revolucionárias dos dias 27, 28 e 29 de julho de 1830 que depuseram o monarca Carlos X (irmão de Luís XVI), pondo fim ao período da Restauração bourbônica com a instituição de uma monarquia parlamentar, aos moldes da inglesa, encabeçada pela burguesia financeira com seu "rei burguês", Luís Filipe de Orleães. Com o novo regime, que buscava se afastar da dinastia Bourbon "restaurada", a praça Luís XVI retomou o nome que lhe fora atribuído em 1795 (praça da Concórdia), durante o governo de unidade nacional do Diretório (por sua vez, em contraposição ao nome dado em 1792 pelo governo jacobino, dito do Terror: Praça da Revolução – em 1793 a guilhotina havia sido ali instalada para a execução de Luís XVI). O nome original, entre 1763 e 1792, era praça Luís XV (em homenagem ao avô de Luís XVI e de Carlos X).

ali policiais perderam a vida, mas o número é pequeno em vista do que poderia ser caso a cólera do povo tivesse exigido sua paga.

Há casos, no entanto, em que as forças armadas não viram a casaca, em que obedecem sem sentimentos, inclusive pondo entusiasmo na repressão. Em tal caso, a insurreição é quase sempre esmagada, e configura-se o massacre. Depois da Revolução de fevereiro de 1848, o governo provisório dirigido por Lamartine não podia fiar-se à guarda nacional em face de um proletariado parisiense cada vez mais agitado: ela tinha desertado em fevereiro e precipitado a queda de Luís Filipe. (Como dizia Henry Monnier a propósito de seu tipo burguês, "o sabre do senhor Prudhomme é feito para defender as instituições e se necessário para combatê-las".)[21] Lamartine, o doce poeta, tinha então feito recrutar uma força especial de 20.000 homens, a guarda móvel, direcionada para a manutenção da ordem. Mas ela tampouco era verdadeiramente segura, porque composta de jovens da mesma origem social daqueles com quem arriscavam ser confrontados (em suas *Recordações de um revolucionário*, Gustave Lefrançais conta que quase havia se engajado na guarda nacional para ganhar seu pão).[22] Durante a festa da Concórdia, em 21 de maio de 1848, Tocqueville assistia a um grande desfile no Campo de Marte. Detrás da guarda nacional dos bairros ricos e depois da dos arrabaldes, "os batalhões da guarda móvel fizeram ouvir aclamações diversas que

---

21 N. da T.: Monsieur Prudhomme é um personagem caricatural do típico burguês francês do século XIX, criado por Henry Monnier, caricaturista e dramaturgo francês.

22 Gustave Lefrançais, *Souvenirs d'un révolutionnaire* (Paris, La Fabrique, 2013 [1886]), p. 48.

nos deixaram cheios de dúvida e de ansiedade sobre a intenção daqueles jovens, ou melhor, daquelas crianças que tinham, então, mais que ninguém, nosso destino nas mãos". Um mês mais tarde, tais inquietações foram dissipadas. "Aqueles jovens indisciplinados que eram todos filhos, irmãos ou parentes dos insurgentes, e cuja disposição era muito duvidosa" batalharam com a mais alta energia. "Uma vez engajados, fizeram prodígios. Iam à guerra como à festa",[23] fuzilando os prisioneiros, finalizando os feridos, levando o massacre aos quatro cantos da cidade insurgida. É por proletários (e por camponeses trazidos em trens inteiros) que os operários parisienses foram esmagados quando dos levantes de junho de 1848.

Na Alemanha, depois da Revolução de novembro de 1918, o exército estava em plena decomposição: formaram-se conselhos de soldados em toda parte, havia-se arrancado as insígnias aos oficiais, não se obedecia mais às ordens. Então, o alto comando e o governo provisório de Ebert-Noske encarregaram o general Märcher de organizar uma força especial, os *Freikorps*. Os oficiais foram facilmente recrutados entre os milhares de *junkers*[24] que viam na desmobilização o fim de sua carreira. (O mais célebre dentre eles, Ernst von Salomon, contará mais tarde sua

---

[23] Alexis de Tocqueville, *Souvenirs* (Paris, col. "Folio", 1999 [1850]), p. 214 [ed. bras.: *Lembranças de 1848 – As jornadas revolucionárias em Paris*, trad. Modesto Florenzano (São Paulo, Companhia das Letras, 1991), p. 290 e p. 319].

[24] N. da E.: *Junkers* refere-se à aristocracia latifundiária da antiga Prússia que constituia a elite militar do Império Alemão desde a unificação em 1871, e que manteve forte influência política, econômica e militar durante a República de Weimar (1918-1933) e o regime nazista (1933-1945).

experiência em *Os Reprovados*.[25] Os homens da tropa provinham de unidades de elite, frequentemente já engajadas na luta contra os vermelhos nos países bálticos. Seu soldo, muito elevado, era pago graças aos aportes dos grandes industriais alemães. Unidos pelo ódio à revolução, os mercenários desempenharam, como se verá, o papel principal na repressão da insurreição espartaquista em janeiro de 1919.

As insurreições por vir deveriam ser muito diferentes desses trágicos acontecimentos. Não existem mais, como foi dito, centros simbólicos do poder a serem tomados de assalto. Mas mesmo que o aparelho de Estado esteja hoje revestido por formas difusas, mesmo que o movimento insurrecional procure bloquear seu funcionamento mais do que abatê-lo por meio de um confronto direto, pode-se prever que na França (por exemplo) o poder em funcionamento resguardará militarmente a televisão e a rádio, as reservas petrolíferas, as estações de trem, os aeroportos, os *data centers* e outros pontos nevrálgicos. Para isso, não será necessário recrutar uma força especial porque ela já existe e há muito tempo: desde 1944, De Gaulle já tinha criado as Companhias Republicanas de Segurança (CRS) que sucederam aos Grupos Móveis de Reserva (GMR), célebres por sua ferocidade contra a resistência durante o Regime de Vichy, especialmente contra a de Glières.[26] Quanto aos CRS, eles conheceram seu momento de

---

[25] Ernst von Salomon, *Die Geächteten* (Unitall Verlag, 2011 [1930]).

[26] N. da T.: Criado pelo Exército Secreto, o Maquis de Glières foi um dos mais significativos movimentos da resistência francesa, ocorrendo no planalto de Glières, no sudeste da França, durante os primeiros meses de 1944.

glória no outono de 1948 quando da repressão das greves insurrecionais dos mineiros, onde mais de 50 mil homens foram destacados pelo ministro do interior socialista, Jules Moch. Hoje, somando os esquadrões de Guardas Móveis (algo em torno de 10 mil homens), as Companhias de CRS (14 mil homens), as diversas unidades especializadas na manutenção da ordem social (as Brigadas Anticrime ou BAC, as Brigadas Especiais de Bairro, as formações antiterroristas, o RAID...), e os Guardiões da Paz, atinge-se uma cifra total superior a 150 mil homens – sem contar as polícias municipais, a polícia especial do transporte público e do trem, e as diversas formações privadas que vigiam a segurança dos aeroportos, dos portos, dos transportes de fundos ou de joalherias.

Se o raciocínio for em termos de "relação de forças", evidencia-se que a insurreição futura teve um mau início antes mesmo de começar. Mas tais unidades, mesmo bem equipadas, não constituem um todo homogêneo. De fato, o que há de comum entre as BAC, seus *flash-balls*, seus *Taser*s,[27] seu racismo, e os trios que percorrem o bulevar de Belleville confiscando de tempos em tempos os fogareiros dos vendedores de milho assado? Se a deserção das forças de ordem é a condição de sucesso de toda insurreição, os revolucionários devem explorar as contradições no cerne de tais forças. Para fazê-las estourar, deve-se aumentar a pressão até chegar ao ponto em que parte do corpo policial não suporte mais o ódio que lhe é dirigido. São "policiais

---

27 N. da T.: *Flash-Ball* é uma marca de "lançador de balas de defesa", ou LBD. Trata-se de uma arma capaz de disparar tanto balas de borracha quanto balas contendo uma substância colorante ou lacrimogênea. Já *Taser* é uma marca de arma de eletrochoque.

de base" os que vão ceder, mal pagos, maltratados por sua hierarquia, explorados como os outros – e até mais. Deixemos que saibam que sabemos que eles fazem parte do povo, para que um dia se recusem a obedecer. Dirão que a guarda dos pontos nevrálgicos diante da insurreição não é confiada a eles. Mas, precisamente, um movimento de deserção parte sempre do baixo escalão. Vimos o 5º e o 53º regimentos de linha fraternizando com os insurretos em 29 de julho de 1830: a posição recebia menos e era menos considerada que a guarda, estava a postos ali onde não se esperava grande coisa, e é lógico que tenha sido a primeira a passar para o lado do povo. Na miscelânea da polícia francesa de hoje, as mulheres, os negros, os árabes são cada vez mais numerosos. Pode-se prever que eles e elas não terão gana alguma de defender um regime que os despreza cada vez mais abertamente. "A polícia conosco!", eis o que é necessário fazê-los ouvir.

PARLAMENTARISMO

Alguns dias antes da insurreição do dia 18 de março de 1871, os batalhões populares da Guarda Nacional reunidos em assembleia geral na sala de espetáculos Vauxhall decidem criar um comitê executivo para "proteger o país melhor do que não puderam fazê-lo até aqui os exércitos permanentes e defender a República ameaçada por todos os meios possíveis". Esse grupo de cerca de trinta membros, que adota o nome de Comitê Central da Guarda Nacional, assegurará a coordenação do levante insurrecional. Na semana seguinte, instalado no Paço Municipal, organiza aprovisionamentos, evita toda desordem, reprime sem tanta violência as tentativas contrarrevolucionárias dos bairros ricos – em suma, ocupa o lugar de uma administração que se evaporou. (Parece-me que se impõe o paralelo com a Comuna insurrecional que tomou o poder do Paço Municipal durante a noite do 9 ao 10 de agosto de 1792, preparou a insurreição do dia seguinte e desempenhou em seguida um papel essencial diante da Convenção.) Mas o Comitê Central da Guarda Nacional não foi eleito de acordo com as regras: é um "advento obscuro", diz Lissagaray (como, de resto, a Comuna de 1792), mesmo se aí encontramos Varlin, Ranvier, Flourens, personagens por demais conhecidos nos bairros populares. Ele não se considera, portanto, suficientemente legítimo para governar a cidade, e decide-se eleger uma assembleia representativa parisiense. Certos espíritos lúcidos enxergam o perigo. Lefrançais:

capítulo III

Quando os cidadãos do quarto distrito concederam-me a honra de figurar na lista dos candidatos, meu primeiro pensamento foi de recusar [...]. Parece-me que tal chamado ao sufrágio universal para constituir um governo revolucionário fatalmente fará com que este recaia nas amarras do parlamentarismo. Uma espécie de Comitê puramente executivo das decisões tomadas nas assembleias populares dos diversos bairros de Paris, pronunciando-se diretamente sobre todas as questões, que sejam elas políticas, militares, administrativas e econômicas, parece-me preferível a esta nova delegação da soberania popular [...]. Enfim, o próprio modo de votação não me agrada. Nunca reconhecerei validade ao sufrágio universal enquanto este manifestar-se por meio de um escrutínio secreto.[28]

Mas o desejo eleitoreiro era forte demais: em 28 de março, dez dias depois da insurreição, em uma festa grandiosa diante do Paço Municipal, o Comitê Central da Guarda Nacional remetia seus poderes à assembleia eleita, o Conselho Geral da Comuna. Entre os cerca de 80 membros do Conselho – a partir de agora chamado "Comuna" –, os trabalhadores eram maioria, o que nunca mais se reproduziu neste país: uma trintena de operários, "o pensamento, o esforço, a honra do proletariado parisiense" (Lissagaray), empregados e contadores (entre os quais os blanquistas Jourde, Eudes, Ferré), jornalistas (dentre os quais Vallès). Esta composição não permitiu evitar os equívocos habituais das assembleias representativas. A Comuna certamente tomou medidas importantes: a separação da Igreja e do Estado, a laicização da educação, a abolição do recrutamento, a transformação do Montepio em banco popular para as

[28] Gustave Lefrançais, *Souvenirs d'un révolutionnaire* [1886], p. 408. Lefrançais será o primeiro presidente de sessão eleito no Conselho Geral da Comuna.

associações e a restituição gratuita de objetos apreendidos, o confisco de oficinas abandonadas pelos patrões, a gestão operária de empresas pertencentes à cidade e ao Estado. Um conjunto respeitável, mesmo se a falta de tempo não tenha permitido aplicá-lo inteiramente. Mas a assembleia comunal foi incapaz de organizar a defesa. Enquanto os versalheses avançavam metodicamente até a linha dos fortes, os debates no Paço Municipal frequentemente tratavam apenas de pontos secundários. E como em todo parlamento, formaram-se facções que, para completar, passaram parte essencial do tempo brigando com a cisão entre uma maioria que queria confiar a direção a um "Comitê de Salvação Pública" como em 1793, e uma minoria que recusava essa "usurpação da soberania do povo".

Sexta-feira, dia 19 de maio, três dias antes da entrada dos versalheses em Paris, os canhões inimigos atiram sobre a cidade, de Montrouge a Saint-Ouen, de Neuilly a Clichy. A Comuna mantém a sessão. Discute-se a reforma no regime das prisões, a comissão de justiça em que faltam dois membros, as retificações a aportar aos relatórios do *Jornal Oficial*, indenizações a ser pagas às vítimas da explosão da fábrica de pólvora da avenida Rapp, tudo isso entrecortado por altercações entre majoritários e minoritários. Nada, nem uma só palavra sobre a catástrofe em curso.[29] Essa cegueira, essa paralisia parlamentar são, a meu ver, a principal causa da derrota da Comuna, que partia, no entanto, de uma posição favorável no dia seguinte à insurreição: Paris podia reunir um exército de 100 mil homens

---

29 *Jornal oficial da República francesa sob a Comuna* [*Journal officiel de la République française sous la Commune*] (Paris, Victor Brunel, 1871).

aos quais não teriam faltado fuzis, nem munições, nem canhões e, do outro lado, os 15 mil homens concedidos ao governo por Bismarck não pesavam tanto.

Mais uma vez o Conselho Geral da Comuna foi ineficaz. Houve ainda pior: quando a Constituinte eleita em maio de 1848 fez esmagar por Cavaignac a grande insurreição proletária de junho; ou na Alemanha quando, apenas dois dias depois da vitória revolucionária de novembro de 1918, que fez partir em pedaços o Império Alemão, os sociais-democratas organizaram com pressa a eleição de uma "assembleia dos trabalhadores e soldados" solidamente controlada por eles, que confiou o poder a Ebert – o qual logo mais iria organizar o esmagamento da insurreição espartaquista.

Como explicar que depois de uma insurreição vitoriosa, seja tão frequentemente sentida a necessidade de recorrer ao sufrágio universal? Entra aí sem dúvida uma questão de legitimidade, sobretudo desde que existe, diz-se, uma "opinião internacional" a ser tranquilizada (entenda-se: existem mercados, investidores dos quais se almeja evitar a fuga). Mas também – prudente incursão no domínio da psicologia coletiva – uma preocupação em redimir-se por haver transgredido a ordem estabelecida, que guarda seu valor simbólico apesar de suas iniquidades. "A fundação de um novo marco de pensamento é uma experiência atemorizante para o fundador", escreve um psicanalista.[30] Para tal temor os revolucionários devem se preparar, para melhor conjurá-lo quando chegar o momento.

---

[30] Heitor de Macedo, "Loup Verlet : la cure psychanalytique est une révolution du cadre de pensée", em *Lettres à une jeune psychanalyste* (Paris, Stock, 2008) [ed. bras.: *Cartas a um jovem psicanalista*, trad. Claudia Berliner (São Paulo, Perspectiva, 2011)].

É habitual que uma assembleia eleita no decorrer de uma vitória da revolução seja contrarrevolucionária. O movimento que derrubou o poder estabelecido jamais é majoritário. Com o sufrágio universal, é a massa flutuante que se faz ouvir, massa cujo sentimento dominante é justamente o temor, o medo do desconhecido, do caos, do apocalipse. Ela se tranquiliza votando em homens que conhece, personalidades vindas do regime abatido. É da própria natureza do "processo constituinte" fazer voltar o passado, como recentemente mostraram as eleições tunisianas de outubro de 2014, que ocasionaram o retorno massivo de figuras bem conhecidas do tempo de Ben Ali.

Na demonstração de que o parlamentarismo funciona como coveiro dos movimentos populares, existe um argumento, certamente *a contrario*, mas de grande envergadura. Até o presente, o Ocidente não conheceu mais que duas grandes revoluções vitoriosas, a Revolução francesa e a Revolução russa de 1917 (descarto a Revolução inglesa, cujo triunfo em 1688 foi a restauração monárquica sob controle holandês). Ora, no decurso dessas duas revoluções, cujas peripécias não alteraram a vivacidade, o parlamentarismo foi evitado, ou derrotado no momento em que se instalava.

Na primavera de 1793, a França revolucionária se encontra em uma situação quase desesperada. Nas fronteiras, o exército comandado por Dumouriez (que logo passará para o lado inimigo) é esmagado pelos austríacos em Neerwinden, o que leva à evacuação da Bélgica e da margem ocidental do Reno. A guerra é travada em território francês. No interior, a insurreição da Vendeia irrompe em março e imediatamente alcança sucessos espetaculares. Dos dois lados, o caminho de Paris está aberto. Em toda parte desaparecem as provisões de primeira necessidade, filas se formam diante das padarias, lojas são pilhadas, ao próprio exército faltam mantimentos e calçados.

A Convenção, que se havia reunido em setembro de 1792 em uma atmosfera de alvoroço, se tornou o teatro de uma luta de morte entre os moderados girondinos e os montanheses apoiados pelo movimento popular das seções. Os girondinos, majoritários na Assembleia, conduzem uma política econômica de *laissez-faire* e são incapazes de reagir frente aos desastres militares. Os debates na Convenção não são mais que trocas de invectivas – nos lembramos do famoso discurso do girondino Isnard ameaçando Paris de destruição total ("Averiguaríamos nas beiras do Sena se tal cidade existiu"). A situação está bloqueada, o parlamentarismo conduziu à impotência, é arriscado que amanhã a Europa em coalizão e a contrarrevolução do interior venham ganhar. É aí que acontece o grande sobressalto: em 31 de maio e 2 de junho de 1793, os *sans-culottes* invadem a Convenção, a Comuna insurrecional aponta seus canhões e, para terminar, 22 deputados girondinos são destituídos de seus mandatos e postos em detenção (domiciliar). Este terceiro grande momento da revolução – depois de 14 de julho de 1789 e de 10 de agosto de 1792 – marca o fim momentâneo do parlamentarismo. O sistema que vai funcionar durante um ano, entre o verão de 1793 e o 9 de termidor (27 de julho de 1794), não é mais parlamentar. A Convenção continua a desempenhar seu papel de tribuna popular, mas são os onze membros do Comitê de Salvação Pública, órgão coletivo nascido do corpo legislativo, que vão salvar a revolução e conduzi-la à vitória.

Na historiografia ordinária, a expulsão dos girondinos, a "amputação" da Convenção, é apresentada como um Golpe de Estado, o pecado original que vai conduzir ao Terror. Não obstante, Michelet, que detestava Robespierre e com os girondinos de coração, escreve: "A política girondina nos primeiros meses de 1793 era impotente, cega; ela tinha perdido a França".[31]

Em Petrogrado, na noite de 25 de outubro de 1917, a insurreição é vitoriosa, os membros do governo provisório estão em fuga ou na prisão. O Congresso panrusso dos sovietes, que se deu no Smolny no decurso mesmo dos combates, votou a formação de um Conselho dos Comissários do Povo, composto unicamente por bolcheviques. Mas esse conselho só pode ser provisório: de fato, a instância suprema, a futura Assembleia Constituinte, terá como tarefa a organização de um governo que represente os diferentes movimentos socialistas. Essa assembleia é reclamada por todos os partidos desde a Revolução de fevereiro. Entre os próprios bolcheviques a ideia é apoiada pela ala "direita" (Kamenev, Riazanov, Lunatcharski) que defende uma política de coalizão com todos os socialistas – mas não por Lenin, para quem a reunião de uma tal assembleia não é mais que uma "fantasia liberal", um "recuo em relação ao poder dos sovietes". Mas renunciar à assembleia não é mais possível, já que durante meses sua convocação continuamente adiada foi um dos assuntos que alimentaram a agitação popular, inclusive entre os bolcheviques. As eleições gerais ocorrem então no final de novembro e, como previsto, os socialistas revolucionários (os SR), os mais enraizados em meios camponeses, vencem com folga. Com 175 deputados de 707, os

---

[31] Jules Michelet, *Histoire de la Révolution française* (Paris, Robert Laffont, col. "Bouquins", 1987 [1847]), t. II, p. 443 [ed. bras.: *História da Revolução francesa*, trad. Maria Lucia Machado (São Paulo, Companhia das Letras, 1989)].

bolcheviques são claramente minoritários, mesmo com o suporte de 40 SR de esquerda.³² A Assembleia Constituinte se reúne em 18 de janeiro de 1918, elegendo como presidente – contra Maria Spiridonova, SR de esquerda apoiada pelos bolcheviques – o velho SR Tchernov. A mesma Assembleia rejeita uma "declaração dos direitos do povo trabalhador e explorado", apresentada por Sverdlov, que retoma o essencial das reivindicações bolcheviques sobre a paz, a terra aos camponeses, o poder aos sovietes. Mas esta primeira sessão é interrompida pela intervenção de um jovem marinheiro anarquista. A Guarda Vermelha faz evacuar a sala. Não haverá outra sessão, os guardas vermelhos recusarão acesso aos deputados que se apresentarão no dia seguinte. É o fim de um parlamentarismo que não terá durado mais que algumas horas.

Na historiografia tradicional, a dissolução da Assembleia Constituinte é apresentada como um Golpe de Estado bolchevique, um pecado original. Mesmo Rosa Luxemburgo censura Lenin e Trotsky por terem jogado no esquecimento a assembleia nascida de um "voto popular emitido baseando-se no direito de sufrágio o mais democrático do mundo". Essa medida, diz ela, "foi decisiva para sua atitude ulterior; foi de alguma maneira o ponto em que sua tática mudou".³³

---

32 Ver Marc Ferro, *La Révolution de 1917* (Paris, Albin Michel, 1997 [1967]), p. 800-801 [ed. bras.: *A Revolução russa de 1917*, trad. Maria P. V. Resende (São Paulo, Perspectiva, 2019)].

33 Rosa Luxemburg, *La Révolution russe* (Paris, Maspero, 1964, [1918]), p. 52-59 [ed. bras.: *A Revolução russa*, trad. Isabel Maria Loureiro (São Paulo, Fundação Rosa Luxemburgo, 2017), p. 79, livre acesso pelo site da Fundação Rosa Luxemburgo: https://rosalux.org.br/wp-content/uploads/2017/11/Rosa_Luxemburgo_-_Revolucao_Russa_-_para_baixar.pdf].

Não é inadvertidamente que emprego as mesmas palavras que as utilizadas para a eliminação dos girondinos, e além do mais a ligação entre os dois é um lugar comum do discurso reacionário: "O precedente da Revolução francesa, e mais especificamente de seu período jacobino, serviu desde 1917 para a absolvição geral do arbitrário e do Terror que caracterizaram toda a história soviética, com intensidades variáveis segundo o período".[34] O que os bons apóstolos da democracia parlamentar não dizem é que, com a Assembleia Constituinte de janeiro de 1918 controlada pelos socialistas moderados, tudo estava no lugar para o retorno do antigo regime, modernizado, certamente, livre do czarismo, mas onde cada um estaria em seu lugar e os pobres no último deles.

Poderíamos acreditar que o gosto pelo parlamentarismo decairia com os movimentos que despontaram em 2011, na esteira das revoluções tunisiana e egípcia, as diversas formas do *Occupy* lançadas no mundo inteiro, o "movimento das praças" em Atenas, em Madrid, em Istambul. Tais movimentos tiveram o mérito de agrupar centenas de milhares de "gentes", das quais muitas nunca tinham politicamente descido às ruas. Mas as reivindicações expressas – contra as desigualdades, contra as exigências do FMI e do Banco Mundial, contra as violências policiais – não eram sensivelmente diferentes daquelas da extrema esquerda, cuja retórica nos cansa os ouvidos há tantos anos. Em tais agrupamentos frequentemente foi discutida a *democracia*

---

[34] François Furet, *Le passé d'une illusion* (Paris, Le Livre de poche, 2003 [1995]), p. 126 [ed. bras.: *O passado de uma ilusão* (São Paulo, Siciliano, 1995)].

direta, sobretudo na praça Sintagma, o que é lógico porque a noção decorre de uma idealização da ágora ateniense. (Para Castoriadis, grande intelectual nacional, "a vida política do povo grego se detém em torno de 404 a.C.")[35] Nesta praça, os atenienses modernos colocaram a ideia em prática. Reuniram assembleias plenárias, criaram comissões temáticas, organizaram o uso da palavra em intervenções e discutiram uma futura Constituição. No fim das contas o vencedor não foi a polícia, mas o tédio, e o que resta disso, após três anos, é o sucesso eleitoral de formações políticas "radicais" como *Syriza* na Grécia e *Podemos* na Espanha, que tiram proveito do vazio criado pela erosão dos partidos tradicionais. Ora, jamais no Ocidente a eleição por sufrágio universal de um partido ou de uma coalizão "de esquerda" levou a uma transformação arrebatadora no sentido do interesse comum. Blanqui:

> Para os proletários que se deixam impressionar pelas caminhadas ridículas nas ruas, pelas plantações de árvores da liberdade, por frases sonoras de advogados, haverá água-benta primeiro, injúrias depois e, finalmente, os tiros de metralhadora.[36]

Fala-se com frequência das "conquistas da *Frente Popular*" na França de 1936. É a captura de um legado. Batizar uma estação de metrô de *Frente Popular* não fará esquecer que todos os direitos adquiridos foram arrancados pelas greves com ocupação do verão de 1936, que

---

[35] Ver Coletivo Lieux Communs, *O movimento das praças na Grécia* [*Le mouvement des places en Grèce*], https://collectiflieuxcommuns.fr/spip/539.

[36] Louis Auguste Blanqui, *Anúncio ao povo* [*Avis au peuple (le toast de Londres)*], 10 de fevereiro de 1851, https://www.marxists.org/francais/blanqui/1851/blanqui_toast_londres.htm.

começaram antes mesmo da primeira sessão da nova assembleia, antes da constituição do governo Blum. É o terror dos patrões e da classe política diante de um movimento operário sem precedentes, é *a perspectiva da insurreição* que os levou a assinar às pressas os acordos de Matignon e a promulgar as leis que permaneceram atravessadas em suas gargantas. De resto, uma vez acalmada a onda de greves, o governo socialista-radical com apoio comunista retomou o curso ordinário de covardias e mentiras, e a Câmara da Frente Popular terminou seu mandato votando a favor de plenos poderes para Pétain.

VANGUARDA

Com *Que fazer?*, que data de 1902, Lenin, aos nossos olhos, se inscreve na linhagem de Filippo Buonarroti (de quem sem dúvida jamais tinha ouvido falar) e de Auguste Blanqui (com quem sempre marcou suas distâncias, já que "blanquista" sob sua pluma estava longe de ser um cumprimento). Tudo em tal linhagem tem por base um partido de revolucionários profissionais que conduz a ação das "massas", tidas por pouco educadas politicamente.

Durante a primeira metade do século XX, os movimentos revolucionários que se reivindicavam marxistas consideravam um tal partido de "vanguarda" como uma absoluta necessidade. Ainda em 1983, Ernest Mandel, proeminente intelectual da Quarta Internacional, escrevia que

> é necessária uma organização de vanguarda a fim de superar o fosso provocado pelo desenvolvimento desigual entre a combatividade e a consciência de classe. Se os trabalhadores estivessem a todo instante no mais alto grau de combatividade e de consciência de classe, uma tal organização não seria mais necessária. Mas, infelizmente, eles não estão e não podem estar aí sob o capitalismo. É portanto necessário que um grupo de pessoas encarne de maneira permanente um alto nível de combatividade, de atividade e de consciência de classe.[37]

[37] Publicado no *Bulletin in Defense of Marxism*, n. 44. [N. da T.: Artigo oriundo do discurso pronunciado por Ernest Mandel na conferência "Marxism: The Next Two Decades", que se deu na Universidade de Manitoba em Winnipeg, Manitoba, Canadá, entre 12 e 15 de março de 1983. Republicado em Ernest Mandel,

Mas depois do colapso do comunismo de caserna, o partido de vanguarda reuniu-se, nos escombros, ao centralismo democrático e à ditadura do proletariado. Para ouvir falar de vanguarda na paisagem ocidental atual, é preciso procurar entre os mais sectários dos grupelhos trotskistas ou entre o que resta de maoístas estritos. Os outros enterraram tudo isso há muito tempo, às escondidas ou explicitamente. Na Inglaterra, no entanto, o SWP, o *Socialist Workers Party*, continua a se intitular como partido de vanguarda e a funcionar sob o modo centralista democrático (congressos blindados, linha burocrática, exclusão de dissidentes), mas de cisão em cisão seu futuro parece cada vez mais problemático.

Um pequeno desenvolvimento fora do tópico. Desde a reação dos anos 1990, a rejeição quase integral da noção de vanguarda política teve como efeito colateral uma depreciação quase tão geral das vanguardas artísticas surgidas nos anos revolucionários, ao redor de 1920: magnífico arrebatamento nos domínios da pintura e da colagem, da arquitetura e do *design*, da fotografia e do cinema, da música e da poesia, sem esquecer a tipografia, a arte do cartaz e a ambientação de ruas. Apesar da diversidade, é possível falar de *movimento* já que os homens e as mulheres que o animaram se conheciam e se encontravam frequentemente através de suas viagens entre a Rússia soviética, a Alemanha, a Holanda e (um pouco) a França. Muitos eram comunistas e alguns permaneceram comunistas até o fim. Mas salvo engano,

Revolutionary marxism and social reality in the 20th century: collected essays, organizado por Steve Bloom (Atlantic Highlands, NJ, Humanities Press, 1994), pp. 60-76. Ver: https://www.ernestmandel.org/en/works/txt/1983/vanguard_parties.htm].

eles não se diziam de "vanguarda": foram os historiadores da arte que os agruparam sob esta designação. Não citarei nomes porque são muitos, do mesmo modo em que não enumerarei as mágicas exposições organizadas em Nova Iorque e Berlim, em Moscou e Amsterdã, em Colônia, Weimar, Paris. Evocarei apenas uma obra, pouco célebre porque efêmera e anônima, o *Concerto para sirenes de usinas* que ressoou em Petrogrado no ano de 1921: ele dá o tom do que aconteceu naqueles anos. Ora, na corrente direitista que domina na França, este esplêndido episódio é mal visto. Prefere-se frequentemente o que seguiu, a reaparição do mármore e do bronze, as estátuas de Trocadéro e a pintura de Derain, tudo o que o infame Cocteau nomeou, apesar de tudo com justeza, "o retorno à ordem" e que animará em breve a vida cultural do colaboracionismo.

Dentro da ideia de uma organização que tem por papel guiar o povo em direção a e durante a insurreição, há uma espécie de paradoxo. De um lado, o entendimento é quase geral quanto à rejeição do partido de tipo blanquista-leninista. Mas de outro, os céticos, os que julgam a insurreição atualmente impossível em um país como a França (por exemplo), colocam uma questão que não pode ser descartada com tanta facilidade: "Onde está o grupo, a força minimamente estruturada que seria capaz de impulsionar e dirigir a insurreição de que vocês falam?". É verdade que uma tal força não existe atualmente em nenhum país "desenvolvido". Às vezes a extrema esquerda faz-se reformista por detrás de um discurso pseudorrevolucionário, às vezes faz-se "microgrupelhosa" e inaudível. Mas, então, a partir de uma tal ausência, deve-se mesmo concluir que a insurreição não é possível? Esta questão impõe uma outra, formulada nos mesmos termos da falta de "politização" evocada acima: as insurreições passadas, vitoriosas ou não, foram de fato lançadas e dirigidas por partidos homogêneos, unidos e disciplinados?

As insurreições dos séculos XX e XXI são numerosas e diversas demais para que se possa dar à questão uma resposta simples. Eu proporia reparti-las em três grupos: aquelas das quais pode-se dizer que *certamente não*, não foram lançadas nem dirigidas por um partido organizado; aquelas onde a resposta seria *sim, mas, claro*, um tal partido existiu e desempenhou um papel, *mas* não aquele que lhe atribuímos habitualmente; enfim, as insurreições onde a resposta é *sim*, sem restrição. Para justificar essa classificação, sem dúvida por demais esquemática, me estenderei sobre algumas das tais histórias, correndo o risco de fatigar aqueles que as conhecem em todos os seus detalhes.

Abundantes são as revoltas lançadas sem partido dirigente. Entre outras: a Revolução mexicana de 1910, a Revolta da Páscoa de 1916 em Dublin, a Revolução cubana, Maio de 68 na França, onde militantes de notórias organizações – especialmente os comunistas – tinham sua fala interditada. Ou ainda a insurreição zapatista de primeiro de janeiro de 1994, conduzida pelo EZLN (Exército Zapatista de Libertação Nacional) que não é mais a vanguarda maoísta-leninista-guevarista, de seus princípios, mas o exército das comunidades indígenas de Chiapas.[38] Ou mais recentemente a insurreição egípcia de 2011, onde a Irmandade Muçulmana, único partido organizado, entrou na luta só no fim e arrastando os pés.

---

[38] Ver o excelente livro de Jérôme Baschet, *La rébellion zapatiste* (Paris, Flammarion, col. "Champs", 2005).

Que algumas dessas insurreições/revoluções tenham sido em seguida recuperadas por partidos estruturados que as conduziram com uma brutalidade muitas vezes notável, isso não muda nada – porque, mais uma vez, este livro dirige-se *ao momento inicial*.

Tratarei mais longamente de dois casos exemplares: a Revolução russa de 1905 e a Revolução espanhola de 1936. (Meu interesse por elas vem de longa data – a primeira por seu caráter de esboço, de estudo, como se diz de um quadro; a segunda porque se iniciou na semana de meu nascimento, o que me confere uma espécie de familiaridade diante dela.)

Se desfiarmos a lista dos critérios habituais de possibilidade ou de probabilidade de uma revolução, parece que a de 1905 em São Petersburgo não responde a nenhum dentre eles: um país imenso povoado em nove décimos por camponeses, uma autocracia sustentada em seu direito divino, uma polícia política (a *Okhrana*) infiltrando delatores em toda parte, tribunais preparados para enviar os opositores à forca ou à Sibéria, operários de usina agrupados em ilhotas afogadas no oceano camponês.

A oposição à autocracia é constituída por diversas correntes. Os liberais reclamam uma monarquia constitucional, à moda ocidental, que garantisse as liberdades públicas. O partido socialista-revolucionário (os SR), fundado em 1901, é o herdeiro dos populistas do século XIX, os *narodniks*. Conserva sua base camponesa e a tradição terrorista (em julho de 1904, o ministro do interior, Pleve, é feito pedaços num atentado à bomba – seu predecessor tinha sido morto a tiros de revólver). Para os SR, o sujeito revolucionário russo é o camponês e o socialismo será rural, fundado sobre a *mir*, a tradicional cooperativa aldeã.

Da parte dos marxistas, os primeiros contatos com a classe operária nascente são tecidos em São Petersburgo quando de uma greve dos trabalhadores do setor têxtil em 1896. Dois anos mais tarde, é sob a impulsão da Bund – a União dos Trabalhadores Judeus da Rússia, da Polônia e da Lituânia, muito ativa nas margens do império, de Vilnius a Odessa, na *yiddishland* – que se dá o Primeiro Congresso do partido social-democrata russo, em Minsk, em primeiro de março de 1898.[39] (Não se deve atribuir ao sintagma "social-democrata" da época a carga negativa que o reveste hoje em dia – o partido só vai adquirir o nome "comunista" em 1918.)

Algumas semanas depois, são presos simultaneamente nove membros fundadores e centenas de militantes. É do Segundo Congresso, que tem lugar em Bruxelas e depois em Londres no verão de 1903, que data o verdadeiro nascimento do partido. O programa, redigido por Plekhanov e Lenin, traz consigo pela primeira vez a palavra de ordem sobre a "ditadura do proletariado". Mas diante da questão dos estatutos, duas tendências se opõem, uma dirigida por Martov (integrante da Bund), que sustenta a ideia de um partido amplamente aberto a todas as forças revolucionárias e que não recusa a participação dos burgueses liberais, a outra dirigida por Lenin, para quem o partido não pode ser senão uma vanguarda disciplinada e homogênea. Depois de longos debates, a tendência de Lenin prevalece graças à retirada do Bund, que deixa então o partido social-democrata. É a cisão entre bolcheviques (ou majoritários) e mencheviques, que não é uma questão de pessoas, mas uma divergência essencial entre duas formas de levar a cabo a ação revolucionária.

---

[39] Henri Minczeles, *Histoire générale du Bund* (Paris, Austral, 1995), p. 64.

O célebre Domingo Sangrento (9 de janeiro de 1905), ruidoso começo da revolução, tem como plano de fundo uma dupla série de acontecimentos desastrosos para o poder czarista: a guerra russo-japonesa e uma agitação social sem precedentes. "Para nós, é necessária uma pequena guerra vitoriosa", dissera Plehve ao ministro da guerra.[40] Os amarelos não resistiriam por muito tempo frente ao exército mais potente do mundo. Mas os japoneses, desferindo o golpe que repetirão trinta e sete anos mais tarde em Pearl Harbor, atacam sem aviso prévio e destroem a esquadra russa em Port Arthur (janeiro de 1904). A seguir, somente catástrofes: a capitulação de Port Arthur, a derrota na Manchúria e, para terminar, diante das ilhas de Tsushima, a destruição da Frota do Báltico, que deu a volta ao mundo para vir socorrer uma armada russa que ameaçava naufragar. A Rússia deve pedir paz.

Essas derrotas têm por efeito alimentar a agitação interna. Mesmo um nobre liberal, o príncipe Trubetskoy, escreve que o regime "deve se submeter ao controle do país e governar com a sociedade e não contra ela".[41] Para acalmar o descontentamento dos operários, o governo põe em funcionamento um sindicato oficial, a União dos Operários de Usina. Na primavera de 1904, alçou à chefia da União o ortodoxo Gapon, espécie de sacerdote operário *avant la lettre*, personagem carismático que se debatia entre sua lealdade a um czar supostamente bom e compassivo e o espetáculo da miséria operária. (Já foi dito que ele era ligado à *Okhrana*, mas não há provas.)

---

[40] Citado por François-Xavier Coquin, *1905, la Révolution russe manquée* (Paris, Complexe, 1985), p. 30.

[41] François-Xavier Coquin, *1905, la Révolution russe manquée* [1985], p. 34.

Em dezembro de 1904, eclode um conflito nas usinas Putilov de São Petersburgo, o maior complexo industrial do país, que emprega cerca de 13 mil operários. Após a demissão de quatro deles – e no tumulto provocado pela notícia da queda de Port Arthur depois de sete meses de cerco –, as usinas Putilov põem-se em greve (em 3 de janeiro de 1905). O movimento se espalha pela cidade, que fica rapidamente paralisada, privada de eletricidade, de bondes e de jornais. Em colaboração com os grevistas, Gapon redige então uma petição ao czar, da qual uma metade mantém-se nos termos da humildade, mas a outra toma um rumo claramente reivindicatório. De quinta-feira, dia 6, ao sábado, dia 8 de janeiro, a petição recolhe 150 mil assinaturas e fica decidido apresentá-la ao czar no domingo, dia 9. Nesse dia, os cortejos populares convergem dos bairros operários em direção ao Palácio de Inverno. Encabeçando um deles vai Gapon, seguido por uma multidão domingueira, desarmada, com mulheres e crianças, que carrega ícones e entoa cânticos populares. Quando os cortejos entram em contato com as tropas que, em uniforme de combate, dividem em zonas o centro da cidade, as intimações são inaudíveis, afogadas nos cantos e rezas, e as primeiras salvas de tiro desencadeiam o pânico. A multidão é esmagada nas grades do Palácio de Inverno, os mortos se contam às centenas. Por toda a tarde, o massacre se prolonga na cidade e a caça aos suspeitos encherá as prisões. (Pode-se fazer um paralelo com o massacre do Campo de Marte, em Paris, no dia 17 de julho de 1791 – também um domingo – no qual a multidão pacífica que vinha assinar uma petição convidando o povo a "retomar o exercício do poder soberano" foi metralhada pelas tropas de Bailly e Lafayette.)

A primeira reação vem dos estudantes que passam a organizar já no dia seguinte arrecadações em favor das vítimas. A Universidade de São Petersburgo entra em greve, seguida pelos advogados. A agitação se difunde em meio a toda a *intelligentsia* do país, majoritariamente liberal mas já há um tempo hostil à autocracia. Os operários de São Petersburgo seguem seu movimento, que se difunde até desencadear um movimento insurrecional na Varsóvia. À ocasião do primeiro de maio, uma nova onda de greves sacode a Polônia. Em Lodz, a "Manchester polonesa", o Bund inicia um verdadeiro levante, os operários atacam a polícia e o exército com fuzis arrancados das tropas, montam barricadas: é a primeira vez que operários tomam as armas contra a autocracia. O comitê central do Bund poderá concluir: "O proletariado, que já sofreu tanto pela causa da liberdade, não irá mais se deter no caminho da revolução. Petersburgo, Varsóvia, Lodz, Odessa: a torrente revolucionária sobe sem cessar, irresistível. Proletários, estejam a postos!"[42]

Mas o que segue não passa de um lento descenso de vários meses, entrecortado por sobressaltos heroicos, ainda que sem amanhã: a greve geral iniciada pelos trabalhadores tipógrafos de Moscou, o amotinamento da base naval de Kronstadt, o motim da frota do Mar Negro (o encouraçado *Potemkin*), a semana de barricadas em Moscou em dezembro... A ordem acaba por ser restabelecida no final do ano de 1905. No entanto, deu-se um acontecimento, cuja lembrança será decisiva doze anos mais tarde: a criação em outubro, no auge da greve geral, do soviete de São Petersburgo. Formado por deputados diretamente eleitos pelas usinas, conta rapidamente com mais de 500 membros e organiza a

---

[42] Henri Minczeles, *Histoire générale du Bund* [1995], p. 166.

resistência durante cinquenta dias. Tem por vice-presidente e depois presidente um menchevique de 26 anos cujo nome de guerra é Trotsky. Os partidos bolchevique, menchevique e SR enviam cada qual ao soviete dez observadores *com voz consultiva, mas não direito de voto*. Não se trata de um detalhe, mas de um sinal essencial: os partidos, longe de terem lançado e conduzido o movimento, permaneceram às suas margens e não tentaram, senão bem mais tarde, subir nos últimos vagões do trem em marcha.

Em nada se assemelha a Revolução espanhola de 1936 à Revolução russa de 1905, salvo em um ponto: não ter sido iniciada tampouco por um partido de vanguarda homogêneo. Não é questão de colocar em paralelo os dois acontecimentos, com base em um tal denominador comum negativo, mas somente de mostrar, a partir de uma história muito diferente, que uma revolução pode se desencadear sem partido dirigente.

Além do mais, não foram os revolucionários que provocaram o começo da Revolução espanhola, mas o levante militar que partiu do Marrocos em 17 de julho de 1936. Como escreveu a anarquista Federica Montseny, "A insurreição militar teve por consequência a precipitação da revolução que todos desejavam, mas que ninguém esperava tão cedo".[43] O governo republicano burguês com apoio socialista, fruto da vitória eleitoral da Frente Popular em fevereiro, tergiversa e recusa liberar as armas aos trabalhadores, mas a

---

[43] Citado por Burnett Bolloten, *La guerre d'Espagne. Révolution et contre-révolution (1934-1939)*, trad. Étienne Dobenesque (Marseille, Agone, 2014), p. 37 [ed. original: *The spanish civil war: revolution and counterrevolution* (Raleigh, The University of North Carolina Press, 1991)].

resposta popular ao golpe é imediata. No dia 18 de julho, em Madrid, centenas de milhares de manifestantes se reúnem sem esperar sequer uma palavra de ordem por parte de nenhuma organização, exigem armas – que lhe são recusadas – e tomam, não obstante, o controle da cidade. Dia 19, em Barcelona, os comitês de defesa dos bairros, grupos de combate anarquistas, organizam o ataque contra o exército golpista. Abel Paz, então jovem comerciante de jornais (que será um dia o biógrafo de Durruti), se recorda posteriormente:

> O comitê de defesa tinha estabelecido o seguinte estratagema: deixar as tropas avançarem até o centro da cidade sem atacá-las, então erigir barricadas em suas retaguardas, impedindo que batessem em retirada, de volta aos quartéis. Grupos de operários ocuparam esgotos e túneis de metrô; assim se deslocaram através da cidade até chegar às retaguardas do inimigo. Tal estratégia alcançou o objetivo. Os soldados foram atingidos por cima, dos tetos, e por trás, das barricadas [...] Paralisou-se igualmente o avanço das tropas sobre a Praça Catalunha, no cruzamento da Avenida Diagonal com o Passeio de Gracia e no cais ao longo da Praça do Palácio [...]. A partir das 13hs, todas as forças populares se concentraram nas Ramblas e nas beiradas da Praça Catalunha, diante da tropa isolada na central telefônica e no Hotel Colombo. Foi então que surgiu da rua Fontanella uma companhia de guardas civis, com o coronel Escobar em seu comando. Ninguém se opôs à sua passagem e os guardas tomaram posição na Praça Catalunha com a intenção manifesta de marchar sobre o Hotel Colombo. De imediato, e como por encantamento, os militares cessaram fogo. Houve um instante de indecisão entre os operários, pois que ninguém sabia se os guardas civis vinham em socorro dos sitiados ou para fazer causa comum com o povo. Não obstante, a situação se esclareceu rapidamente. Durruti, que se encontrava entre aqueles que sitiavam a central telefônica, deu a ordem de se lançar sobre o edifício, o qual não tardou a cair em suas mãos, os sediciosos tendo

içado a bandeira branca. Os soldados isolados no Hotel Colombo içaram eles também a bandeira branca e se renderam aos guardas civis.[44]

(Mais uma vez, a passagem de uma parte das forças de ordem para o lado do povo decidiu a questão.)

Se o golpe era esmagado em Madrid e Barcelona, ele foi exitoso ou vai rapidamente vencer em Sevilha e Saragoça, que eram, todavia, redutos anarquistas. Mas durante a noite do dia 20 de julho, não é mais a um débil governo burguês que o levantamento militar deve fazer face, mas a uma revolução popular.

Neste momento inicial, as duas grandes forças revolucionárias são os anarquistas e os socialistas. Quanto aos anarquistas, é o sindicato, a CNT (*Confederación Nacional del Trabajo*), que representa quase por si só a organização, com um núcleo duro, a FAI (*Federación Anarquista Ibérica*), a elite dos militantes. Ela tem bases fortes entre os trabalhadores da indústria na Catalunha e os trabalhadores agrícolas da Andaluzia, com uma boa radicação entre os operários da construção civil em Madrid e em algumas localidades das Astúrias. O partido socialista tem também seu sindicato, a UGT (*Unión General de Trabajadores*), potente em Madrid e Bilbao, que pôs de lado seu reformismo inicial para tornar-se uma organização de massas comprometida com a revolução social. É ao redor da UGT que se formou a Aliança Operária (*Alianza Obrera*), frente única dos sindicatos e partidos operários, inclusive da CNT local, que tinha dirigido a insurreição das Astúrias em outubro de 1934: durante uma semana, os mineiros (dentre

---

[44] Abel Paz, *Guerre d'Espagne*, trad. fra. Céline Zins (Paris, Hazan, 1997), p. 20-23 [ed. original: *La guerra de España: paradigma de una revolución* (Barcelona, Flor del Viento Ediciones S.A, 2005)].

os quais os famosos *dinamiteros*) tinham feito frente às tropas de choque conservadoras, de Mouros e Terços. A repressão foi feroz: mais de 3 mil mortos e cerca de 40 mil trabalhadores presos – que a revolução vai libertar.

Além dos anarquistas e dos socialistas, existe no estágio inicial da revolução dois outros partidos revolucionários de menor importância numérica. O POUM (*Partido Obrero de Unificación Marxista*) nasceu em Barcelona em 1935 de uma cisão do partido comunista stalinista. É frequentemente considerado trotskista, o que não é exato: Trotsky censurava-lhe o fato de continuar ligado às organizações sindicais em lugar de formar sovietes. Não ultrapassa os 3 mil militantes, quase todos na Catalunha, mas apesar de suas forças frágeis, desempenha um papel importante contra a política de Frente Popular e a favor da revolução social. O POUM é a *bête noire*[45] tanto dos anarquistas quanto, sobretudo, do partido comunista oficial. Ele não é, todavia, mais que uma pequena organização muito isolada no movimento operário, que continua pagando caro pela política sectária da Internacional Comunista no começo dos anos 1930, quando os socialistas são tratados por "social-fascistas" e quando toda colaboração com eles é um pecado mortal aos olhos de Moscou.

Das duas grandes forças revolucionárias, nenhuma podia desempenhar o papel de uma vanguarda. Entre os anarquistas, não era apenas a doutrina, mas toda a tradição, a maneira de viver e de trabalhar que ia contra a ideia de uma direção centralizada. Depois das derrotas

---

[45] N. da E.: Em tradução livre, "besta-fera". Porém, o termo no original apresenta o sentido de uma pessoa ou uma coisa a qual se experimenta uma antipatia irresistível, e não se encontra facilmente seu paralelo com uma expressão única no português. Desse modo, decidiu-se manter a expressão em francês.

do verão de 1936, quando as colunas anarquistas se transformarem em exército regular, quando quatro anarquistas, dentre os quais o prestigioso Garcia Oliver e Federica Montseny, entrarem no governo central dirigido por um socialista, se conformará um espedaçamento. Em 1940, Santillán, um dos anarquistas que se opunha a essa colaboração, escreverá: "Nós sacrificamos a revolução sem entender que tal sacrifício implicava conjuntamente o sacrifício dos objetivos da guerra."[46]

Por razões diferentes, os socialistas também são, na mesma proporção, incapazes de servir como guias para a revolução. É que o partido está cindido em duas tendências inconciliáveis, uma revolucionária e outra reformista. A primeira é dirigida por Largo Caballero, cujo itinerário pessoal resume bem o que é a ala "esquerda" do partido. Operário estucador, dizem que aprendeu a ler apenas aos 24 anos. Militante sindicalista desde 1890, condenado a trabalhos forçados depois das grandes greves de 1917, perdoado e eleito deputado para as Cortes Gerais em 1918, ele desempenha um papel importante na recusa do partido em aderir à Terceira Internacional. Mas sua experiência enquanto ministro do Trabalho do governo Azaña no começo da república convence-o do quão vã é a via reformista legal. Em 1934, é sob seu estímulo que se forma a Aliança Operária da qual vimos o papel na insurreição dos mineiros asturianos. Encarcerado, ele tem o tempo para ler, descobre os clássicos do marxismo, se entusiasma com *O Estado e a revolução* (1917) de Lenin e pela Revolução russa que tanto havia

---

[46] Citado por Pierre Broué e Émile Témime, *La révolution et la guerre d'Espagne* (Paris, Minuit, 1961), p. 189.

combatido.[47] Essa evolução é também a de milhares de camponeses e de operários socialistas desapontados com a república e com a colaboração de classe.

Diante dele, Indalecio Prieto é um rival detestado (a animosidade é recíproca), que representa a ala reformista do socialismo espanhol. Também vem de uma família pobre, tendo começado na vida como vendedor de jornais nas ruas de Bilbao. No entanto, é muito rapidamente notado por um banqueiro que o emprega. Torna-se proprietário do grande jornal *El Liberal*, dedicando-se simultaneamente à carreira política e à atividade de homem de negócios. Ele tem em mãos a executiva do partido, de modo que Largo Caballero, mesmo quando vier a encabeçar o governo, em setembro de 1936, será obrigado a compor com ele.

Então, no verão de 1936, nenhum partido pode reivindicar um papel de liderança, mas desde as primeiras semanas essa ausência de vanguarda não impede (favorece?) o impulso de uma formidável revolução na região do país que não é controlada pelos fascistas.

> O governo legal não tem mais qualquer influência, a não ser na região de Madrid. O poder real pertence aos comitês operários que se formam em toda parte. Além da organização e do armamento das milícias, eles se encarregam das terras, usinas e empresas cujos proprietários desapareceram ou são tidos por inimigos – ou seja, quase todos os grandes domínios e as grandes usinas. A formação desses comitês se dá de diversos modos, que variam em cada cidade ou vilarejo e de uma província a outra. Nas usinas, são às vezes eleitos por assembleias gerais, e os partidos e sindicatos estão aí representados. Nos vilarejos controlados pelos socialistas, é frequentemente o

---

[47] Pierre Broué e Émile Témime, *La révolution et la guerre d'Espagne* [1961], p. 50-51.

conselho municipal que se converte em comitê popular. Na Catalunha, os comitês são compostos por militantes da CNT-FAI com participação minoritária de socialistas e do POUM. Mas seja qual for seu modo de formação, os comitês operários tomam todos os poderes, assegurando tanto o aprovisionamento, o controle dos preços e a moradia dos pobres, quanto a informação ou a manutenção de uma certa ordem na ausência de polícia. As estradas de ferro, os bondes e os ônibus, os táxis e os navios, as companhias de exploração e de distribuição de eletricidade, as usinas de gás, as companhias de distribuição de água, as usinas de máquinas e de automóveis, as minas e os cemitérios, as usinas têxteis, as fábricas de papel, as usinas de aparelhagem elétrica, de produtos químicos, de garrafas de vidro, as usinas de produtos alimentares e as cervejarias, assim como uma multidão de outras empresas, foram confiscadas ou controladas por comitês de trabalhadores.[48]

Em Barcelona, os restaurantes e os hotéis de luxo servem de refeitórios populares. As igrejas são incendiadas ou dão lugar a salas de reunião. Organismos de assistência tomam conta dos mendigos. Em toda parte, cartazes indicam que tal empresa, tal café, tal loja é coletivizada pelo povo.

No campo, a ação dos comitês difere conforme a região. Lá onde dominam os socialistas, as propriedades confiscadas passam frequentemente às mãos das municipalidades que organizam a produção e pagam o salário dos trabalhadores. A coletivização das terras se dá apenas onde a federação UGT dos trabalhadores da terra já a havia estabelecido, desde antes da guerra, como em Castela-a-Nova e na Mancha.[49] Ao contrário, nas

[48] Burnett Bolloten, *La guerre d'Espagne* [1991], p. 72.

[49] Gerald Brenan, *Le labyrinthe espagnol* (Paris, Ivrea, 2005 [1943]), p. 373 [ed. original em inglês: *The spanish labyrinth: an account of the social and political background of the spanish civil war* (Cambridge, Cambridge University Press, 2012 {1943})].

regiões sob controle anarquista, são os comitês populares que servem de tribunais, celebram os casamentos e os enterros, dirigem a exploração coletiva dos recursos e fixam os salários. Eles são regularmente renovados para que todos possam fazer parte. Os camponeses exploram em comum suas próprias terras e os domínios confiscados. Na maior parte dos vilarejos, suprimem a moeda: os salários são pagos em cupons cujo valor não é proporcional ao trabalho fornecido, mas ao número de membros da família. Os bens de consumo são distribuídos em lojas comunais. Em Fraga, pequeno vilarejo de Aragão,

> Há uma loja geral para o pão, três para os produtos de mercearia, três para o açougue, três para a charcutaria. O trigo é armazenado em uma loja reservada aos cereais, e depois, na medida em que é consumido, levado aos moinhos comunais que distribuem farinha aos onze fornos de onde saem os pães dourados, logo entregues à distribuição.[50]

No vilarejo aragonês de Calanda,

> Constatou-se que havia coletividades ricas e outras pobres. As pobres eram, sobretudo, as da montanha. Então, estabeleceu-se o seguinte sistema: como no vilarejo os insumos necessários para a criação de porcos saiam muito caros e, em contrapartida, na montanha, onde abundavam as bolotas de carvalho que serviam de ração, a criação de porcos era menos onerosa – além disso, Calanda já não tinha mais porcos em 1937 –, de modo que as coletividades da montanha se encarregavam de proporcionar a carne de porco necessária. Em troca, a montanha tinha os tomates, os pimentões, os feijões que eles não podiam cultivar e que tínhamos de sobra.[51]

---

[50] Gaston Leval, *Espagne libertaire* (Antony, Tops, 2013 [1971]), p. 114.

[51] Coletivo Equipo Juvenil Confederal, *La collectivité de Calanda, 1936-1938, la révolution sociale dans un village aragonais* (Paris, CNT, 1997).

Esse sonho não vai durar mais do que um verão. Como essa revolução foi rompida? As derrotas militares (Toledo, Badajoz, Irún), o apoio fornecido pelos alemães e italianos aos fascistas desde o mês de agosto, o pacto de não-intervenção e as trapaças políticas desembocaram na formação do governo de Largo Caballero em setembro – governo republicano de Frente Popular com participação comunista e, como se viu, anarquista. A equipe, para estabelecer um poder central necessário, segundo ela, para a condução da guerra, empenha-se em dissolver imediatamente os comitês populares. Na Catalunha, um Conselho da Generalidade é formado com o apoio dos anarquistas e do POUM, o comitê central das milícias é dissolvido, depois todos os comitês operários locais. Nas regiões "republicanas", os comitês populares são progressivamente substituídos por conselhos municipais compostos por representantes dos diferentes partidos. As bases populares da revolução são desmanteladas em toda parte.

Esse retrocesso não teria sido possível sem a ação determinada e eficaz do partido comunista. Em agosto de 1935, quando do Sétimo Congresso mundial, a Internacional Comunista tinha passado por uma dessas viradas que se tornaram costumeiras: a política sectária até então ditada aos "partidos irmãos" era abandonada. A nova linha exigia a aliança com os socialistas, ainda ontem odiados, e com o extrato "progressista" da burguesia (radicais na França, republicanos de esquerda na Espanha). Desde o começo da revolução, o partido comunista espanhol e seu equivalente na Catalunha, o PSUC, se posicionam como organizações capazes de servir de escudo para as dezenas de milhares de artesãos, de pequenos industriais, de comerciantes, de fazendeiros e arrendatários atemorizados pelas expropriações e pela coletivização. O partido descarta qualquer ideia de revolução proletária, espantalho da pequena burguesia: em *L'Humanité* do dia 3 de agosto de 1936, lê-se que "o povo espanhol não luta pelo estabelecimento de uma ditadura do proletariado" e que "não conhece senão um objetivo, a defesa da ordem republicana no respeito à propriedade". De fato, as adesões se multiplicam, os simpatizantes afluem. Na rica província de Valência, produtora de arroz e de laranjas, o partido cria uma Federação Campesina provincial que se opõe à coletivização das terras iniciada pelos trabalhadores agrícolas socialistas e anarquistas. Seu secretário geral chega a declarar: "Na região de Valência, a simpatia em relação a nós é tal que centenas, milhares de camponeses adeririam a nosso partido se lhes permitíssemos".[52] Em 1937, quando o partido assumiu uma posição dominante, quando o último ímpeto popular tiver se dado em maio, em Barcelona, os comunistas se empenharão *manu militari* na descoletivização – bem descrita [pelo cineasta] Ken Loach em *Land and Freedom* (*Terra e Liberdade*, 1995). Em Aragão, a 11ª divisão comandada por Enrique Lister investe contra as coletividades, vilarejo por vilarejo. Em Calanda, Lister manda escrever nos muros da prefeitura: "Coletivização é roubo!".

> Houve encarceramentos em Mas de las Matas, em Monzon, em Barbastro, um pouco em toda parte. Um pouco em toda parte também houve pilhagem. As lojas cooperativas e os depósitos municipais de víveres foram assaltados, os móveis quebrados. O governador de Aragão, que representava o governo central, quis se opor a esse ataque. Nós o mandamos para o diabo.[53]

---

52 Burnett Bolloten, *La guerre d'Espagne* [1991], p. 105.
53 Gaston Leval, *Espagne libertaire* [1971], p. 375.

Depois vem a liquidação dos oponentes: em junho de 1937, os membros do comitê executivo do POUM são presos e um processo é organizado contra eles segundo o modelo daqueles que se deram em Moscou na mesma época. Em *Homenagem à Catalunha* (1938), George Orwell descreve essa caça às bruxas: Andrès Nin, de quem não se pôde arrancar uma "confissão", é assassinado, os revolucionários estrangeiros antistalinistas desaparecem um após o outro, os agentes do NKVD trabalham livremente, tribunais especiais são criados para reprimir toda a oposição e toda a crítica contra a URSS. Os anarquistas se alinham: as Juventudes Libertárias entram na Aliança Juvenil Antifascista controlada pelos comunistas. O próprio Largo Caballero (demissionário em maio de 1937) é detido e mantido em custódia domiciliar. Torna-se total o controle comunista sobre todas as regiões do país que ainda não estão dominadas pelos fascistas. Assim, *surgiu de fato um partido dirigente* no decurso da Revolução espanhola, mas tal partido operou com eficácia na liquidação do movimento revolucionário.

Certamente, hoje em dia não há mais Internacional Comunista nem partido comunista ocidental fora o ectoplásmico. Mas são bem visíveis quais as forças que poderiam desempenhar depois da insurreição vitoriosa o papel que teve o PCE: reunir e organizar a multidão dos assustados, apreensivos por seus pagamentos mensais e suas esperanças de promoção, alheios a todo gozo coletivo e hostis a qualquer desordem. A esquerda dedicar-se-á a garantir tudo, proporcionando-lhes uma boa consciência por meio de seu discurso revolucionário moderado. Na França, por três vezes essa esquerda logrou caçar o movimento revolucionário por ocasião de acontecimentos que, sem configurarem insurreições, não deixaram de ser verdadeiros tremores de terra: as greves de maio e junho de 1936 (Thorez: "Devemos saber terminar uma greve"); a Liberação (Thorez mais uma vez, ministro de De Gaulle: "Arregacemos as mangas, isso vai ficar ainda melhor") e maio de 1968 (Séguy: "Nenhuma complacência em relação aos elementos agitadores e provocadores que denigrem a classe trabalhadora"; Mitterand: "Recolocar o Estado em marcha"). Evitemos esquecê-los.

Sim, mas...

A insurreição de outubro de 1917 em Petrogrado e a insurreição espartaquista de janeiro de 1919 em Berlim são como duas irmãs, a mais velha vitoriosa e luzidia, a mais nova mergulhada na desgraça do início ao fim. Elas têm um ar de família, como se tivessem sido inspiradas, de ponta a ponta, lançadas e guiadas por um partido de vanguarda. Ao menos é o que se costuma ouvir. Ainda há pouco espaço para pôr em cheque as lendas – a de uma vanguarda disciplinada e eficaz em Petrogrado, sob a direção sempre clarividente de Lenin, enquanto, em Berlim, o partido revolucionário dividido e indeciso teria levado a insurreição à derrota e ao massacre.

Na Rússia, durante os longos meses que se estendem entre fevereiro e outubro, o partido bolchevique segue uma trajetória de altos e baixos. Apesar de graves reveses, apesar dos erros e das divisões internas, o grupelho do início se tornará o grande partido cujo papel será determinante na insurreição de outubro. Optei por detalhar os zigue-zagues dessa ascensão deixando de lado a sucessão dos governos, a "política", para seguir os avanços do partido.[54]

[54] Segui em grande parte a descrição feita por Alexander Rabinowitch em *Les bolcheviks prennent le pouvoir – La Révolution de 1917*

1. Pode-se dizer que as coisas começam mal: no próprio decurso da Revolução de fevereiro que abate a autocracia czarista, em lugar de ver os soldados e os operários vitoriosos tomar em suas mãos a condução do país, assiste-se à instalação de um *poder dual* que, bem ou mal, será aplicado durante meses a fim de evitar "a anarquia e o caos". De um lado, na noite de 27 de fevereiro, quando ainda não findaram os combates, um Soviete de deputados operários e soldados é formado no Palácio Tauride, "como um eco, diz Trotsky, da confraternização que, naquele dia, tinha decidido a sorte da revolução". Neste Soviete, cuja ideia vem em linha direta da Revolução de 1905, os socialistas moderados, mencheviques e SR são majoritários (sobre tais partidos, ver p. 55-56). De outro lado, a Duma, assembleia eleita sob o czarismo, composta de representantes da grande burguesia e da aristocracia rural, forma um Comitê que se proclama o único poder legal. Depois de negociações entre Soviete e Duma, um governo provisório se forma, presidido pelo príncipe Lvov, rodeado de ministros liberais dentre os quais o homem forte é Miliukov, grande figura do partido *kadet* (KD, partido constitucional-democrata). Um advogado SR chamado Kerensky ocupa a pasta da Justiça.

Que uma revolução popular dê à luz um governo burguês, não é algo excepcional. No caso, o papel dos mencheviques é determinante: como bons marxistas ortodoxos, estão convencidos de que a revolução burguesa é a única possível, o indispensável primeiro passo de uma marcha em direção ao socialismo, a ser

---

à Petrograd (Paris, La Fabrique, 2016) [ed. original: *The bolcheviks come to power* (Chicago, Haymarket, 2004 {1976})]. As citações sem referências são oriundas dessa obra.

alcançado num futuro indeterminado. Os bolcheviques, cujo número é pequeno e a influência é muito fraca, hesitam. Em fins de março, seu comitê central alinha-se com os mencheviques e decide, a partir de uma proposição de Stalin, "apoiar o governo provisório enquanto este seguir na via de satisfazer a classe operária". Se aceita vislumbrar a reunificação de todos os sociais-democratas proposta pelos mencheviques.

2. Pelas semanas que seguem, sovietes se formam em todo o país, primeiro nos bairros operários de Petrogrado, depois em Moscou e nas cidades de província, em seguida nos interiores. Em maio, na capital reúnem-se o Congresso pan-russo de sovietes camponeses, depois o dos sovietes operários, de onde por fim emana um Comitê executivo dos sovietes de todo o país. Dirigido por socialistas moderados, esse Comitê apoia o governo provisório, particularmente em seu esforço em favor de recuperar uma situação militar que é cada vez mais desastrosa.

3. No dia 3 de abril, Lenin chega a Petrogrado. Ele deixou Zurique com Zinoviev e atravessou a Alemanha no famoso "vagão blindado". Na estação da Finlândia, portando um chapéu-coco e enredado por um buquê de flores, é acolhido triunfalmente, mas a situação que encontra está longe de agradá-lo. Já havia enviado de Zurique quatro cartas ao *Pravda*, o jornal do partido. Nessas "Cartas de longe", opunha-se radicalmente à política conduzida até então pelos dirigentes bolcheviques: é preciso, escrevia ele, criar uma milícia operária para preparar a revolução do proletariado, recusar a aliança com os moderados, recusar o patriotismo e transformar a guerra imperialista em guerra civil. Essas cartas parecem tão aterrorizantes que o jornal

não publicará mais que uma. Quatro dias mais tarde, Lenin escreve para o *Pravda* um artigo intitulado "As tarefas do proletariado na revolução atual", as famosas *Teses de Abril*. Qualifica de "inépcia" as posições até então adotadas: a tarefa é a de explicar às massas que "o Soviete de deputados operários é a única forma possível de governo revolucionário". É impossível terminar a guerra por meio de uma paz verdadeiramente democrática sem derrubar o capitalismo. A última tese concerne ao partido, a quem Lenin propõe mudar o nome para "partido comunista". Kamenev, líder das fileiras de bolcheviques conciliadores, responde no *Pravda* que "tais teses não representam senão as opiniões pessoais de Lenin", que "as resoluções [passadas] continuam sendo nossa plataforma", que "o esquema geral de Lenin nos parece inadmissível, pois que considera como terminada a revolução burguesa-democrática".

A discussão continua durante vários dias. Na conferência pan-russa do partido bolchevique, aberta em Petrogrado no dia 24 de abril, Lenin deve fazer concessões: ele a conduz no sentido de condenar o governo provisório como instrumento da burguesia e aliado da contrarrevolução, e no sentido de fixar como objetivo a transferência do poder aos sovietes. Mas ele fracassa então em fazer mudar o nome do partido e, pior ainda, a resolução final não fala de insurreição armada. Se o objetivo proclamado é a revolução socialista, as questões cruciais de "como?" e "quando?" permanecem sem resposta. O partido deve se concentrar na "longa tarefa de construir a consciência de classe do proletariado". Prova que a vitória de Lenin é precária: dos nove membros eleitos no comitê central, cinco são "velhos bolcheviques" partidários da conciliação. A seu lado estão somente Zinoviev, Sverdlov e o jovem lituano Smilga.

4. No decurso da primavera, o descontentamento se estende pelo país. Falta de tudo, tanto alimentos quanto madeira e carvão, as empresas fecham, a queda do rublo se acelera, os transportes estão desorganizados, a prometida reforma agrária não avança, as novidades do *front* são a cada dia mais alarmantes. Os bolcheviques que exigem a interrupção imediata da guerra, a distribuição de terras aos camponeses e o controle operário das usinas veem sua influência crescer rapidamente, em particular nos sovietes. Mas os novos militantes que afluem (2 mil bolcheviques em Petrogrado em fevereiro, 32 mil em junho) não têm experiência de lutas. O que os reúne é a impaciência, o desejo de ação revolucionária imediata. Em abril, em junho, a base do partido e a organização militar bolchevique lançam grandes manifestações em Petrogrado contra o governo Miliukov. O comitê central do partido a tudo acompanha, tentando frear o movimento. Em junho, torna-se cada vez mais difícil manter a ordem na capital: na guerra, a grande ofensiva prevista implica que a guarnição da capital seja transferida para o *front*. Os soldados da organização militar reclamam ruidosamente a derrocada imediata do governo provisório.

Em 3 de julho, a explosão. O primeiro regimento de fuzileiros, que já havia anunciado "não partir para o *front* a não ser no caso de que a guerra tivesse um caráter revolucionário", elege um Comitê revolucionário e envia emissários aos regimentos e às usinas em greve, pedindo apoio para uma manifestação armada.

> Assim, num plano abaixo das organizações oficiais, parcialmente sob sua cobertura, estendiam-se novos vínculos entre os regimentos e as usinas mais exasperadas. As massas não tencionavam romper com o Soviete, ao contrário, queriam que tomasse o poder. Menos ainda estavam dispostas a romper com o partido bolchevique. Mas

este partido parecia-lhes irresoluto. Elas queriam dar um empurrão, ameaçar o Comitê Executivo [do Soviete], impelir os bolcheviques para frente.[55]

Os fuzileiros se apropriam de carros e caminhões nas usinas, montam as metralhadoras Maxim sobre os tetos e percorrem a cidade, bandeiras vermelhas ao vento. Os marinheiros afluem de Kronstadt aos milhares. Nas fábricas Putilov em greve, os insurretos são aclamados. O secretário do comitê da usina, um bolchevique, propõe que se espere o parecer do partido, e não é ouvido. No dia seguinte, tiros são disparados aqui e acolá, soldados e operários ocupam as ruas, cercam o Palácio Tauride, sede do Comitê Executivo do Soviete. A Fortaleza de São Pedro e São Paulo, lugar estratégico e simbólico, é ocupada sem combate. As tropas encarregadas de restabelecer a ordem se recusam a obedecer a seus oficiais. A situação do governo parece desesperada.

Mas os dirigentes bolcheviques também enfrentam dificuldades. A palavra de ordem "Todo poder aos sovietes" é doravante absurda, pois o Soviete não quer o poder. É preciso escolher: ou derrubar o governo pela força, ou pôr fim ao movimento. Na tarde de 4 de julho, os principais chefes bolcheviques (dentre os quais Trotsky, que acaba de voltar de seu exílio americano) julgam que a tomada do poder à revelia do Soviete jamais havia sido evocada diante dos militantes, que mesmo no interior do partido ela está longe de ser aceita por todos, que o movimento insurrecional é instável, que as reações da província e do *front*

---

[55] Leon Trotsky, *Histoire de la Révolution russe* [1930-1932] (Paris, col. "Folio"), t. II, p. 27 [ed. bras.: *A história da Revolução russa. II. Tentativa de contrarrevolução*, trad. E. Huggins (Brasília, ed. Senado Federal, 2017), p. 33].

permanecem imprevisíveis. Decidem então organizar um recuo ordenado. Enviam Zinoviev para pregar a calma diante das usinas Putilov, e emissários levam a toda parte a ordem de retirada, que é seguida com amargor. O *Pravda* de 5 de julho anuncia em página interna que "ficou decidido colocar-se fim às manifestações, porque o objetivo de passar as palavras de ordem dos elementos dinâmicos da classe trabalhadora e do exército foi atingido" – um modo por demais lamentável de encobrir a retirada.

As consequências dos levantes de julho são desastrosas para o partido bolchevique. De um lado, os impacientes – operários, soldados e marinheiros que seguiam o partido até então – saem da aventura decepcionados e desmoralizados. De outro lado, a imprensa burguesa lança uma grande campanha acusando Lenin de ser um agente alemão. Destaca-se o caso do seu retorno no vagão blindado através da Alemanha, acentua-se a propaganda antiguerra dos bolcheviques. Mesmo o velho e respeitado Plekhanov declara que "aparentemente, os distúrbios faziam parte de um plano estabelecido pelo inimigo para destruir a Rússia". Milhares de exemplares impressos difundem a calúnia, com um efeito devastador que justifica a repressão exercida pelo novo governo, agora dirigido por Kerensky. Os jornais bolcheviques são saqueados, as unidades insurgentes desarmadas, a repressão se abate sobre Kronstadt, é dada a ordem de prender Lenin, Zinoviev, Kamenev, Alexandra Kollontai e os dirigentes da Organização militar. Lenin e Zinoviev passam à clandestinidade na Finlândia, alguns dias mais tarde Kamenev e Trotsky são encarcerados com centenas de outros bolcheviques. O partido é decapitado, seus militantes desorientados, e alguns pensam (esperam) que não sobreviverá.

5. Lenin está abrigado na Finlândia, onde termina *O Estado e a revolução*. O partido entra lentamente em convalescência sob a direção daqueles que escaparam à prisão: Stalin, Sverdlov e os líderes de Moscou, Djerzinsky, Bubnov, Bukharin. Para definir uma nova linha estratégica, o comitê central se reuniu em 13 de julho em um apartamento no subúrbio de Petrogrado. Lenin enviou diretivas muito diferentes das suas posições de antes de julho: agora, a contrarrevolução, apoiada pelos mencheviques e pelos SR, tomou controle do governo; o próprio Soviete não é mais do que "a folha da figueira da contrarrevolução"; a palavra de ordem "Todo poder aos sovietes" deve então ser abandonada, e com ela a esperança de uma evolução pacífica da revolução; é preciso agora preparar a insurreição armada, que deverá se apoiar antes de tudo nos comitês de usinas. Mas por dez votos de quinze, o comitê central *rejeita as teses de Lenin*. A resolução final afirma que os socialistas moderados não são irrecuperáveis e que é preciso reforçar as posições do proletariado revolucionário para atingir a implementação do programa bolchevique quando a situação assim o permitir. Esta resolução – que Lenin trata de "puerilmente ingênua, senão estúpida" – é difundida em todo o país em milhares de exemplares impressos.

Quando do Sexto Congresso do partido, que é aberto no dia 26 de julho no bairro operário de Viburgo, são expressas as mesmas divergências entre aqueles que seguem Lenin, com a proposta de abandonar a palavra de ordem "Todo poder aos sovietes" e preparar a insurreição armada, e aqueles que consideram perigoso isolar o proletariado por voluntarismo revolucionário. Enquanto a direção permanece movediça, a base do partido se reorganiza. A imprensa clandestina faz campanha pelos bolcheviques por ocasião das eleições ao Soviete de Petrogrado e à Duma (municipalidade) da cidade. A degradação das condições de vida joga a seu favor. Logram associar os mencheviques e os SR de esquerda à sua luta contra a repressão e as intrigas da extrema direita.

6. Eles serão varridos por um acontecimento retumbante: o golpe de Kornilov. No começo de agosto, Kerensky, com poucas ideias à mão, convocou uma Conferência de Estado que reuniu representantes de todas as classes e grupos políticos do país. Sua composição é fixada pelo governo e não se vê dotada de nenhum poder definido. Os bolcheviques a boicotam, em toda parte advertindo que se trata de um complô contrarrevolucionário. No dia 21 de agosto, enquanto uma grande greve irrompe em Moscou apesar do voto contrário do soviete local, Riga cai nas mãos do exército alemão. Um vento de pânico sopra sobre Petrogrado, os abastados se preparam para fugir diante da dupla ameaça de invasão e de agitações revolucionárias.

Face à paralisia do governo, os dirigentes da grande indústria, os chefes militares, os representantes da França e da Grã-Bretanha que veem seu aliado a ponto de desmoronar, todos estimam que é chegado o momento de instalar um poder forte, uma ditadura, único meio de restabelecer a ordem interior e de recuperar a situação militar. O homem escolhido é Kornilov, que Kerensky acaba de nomear generalíssimo "por meio da seleção, entre outros candidatos ainda menos aceitáveis", diz Trotsky.[56]

No dia 27 de agosto, Kornilov movimenta-se em direção à capital com quatro divisões de cavalaria tidas como as mais fiáveis – são cossacos e a divisão

---

[56] Leon Trotsky, *Histoire de la Révolution russe* [1930-1932], t.II, p. 178 [ed. bras.: *A história da Revolução russa*, t.II, p. 177].

"selvagem" de montanheses do Cáucaso. Do lado do poder, nenhuma decisão clara: o governo cria um Comitê de Defesa cujas medidas vagas não são aplicadas. Quanto aos bolcheviques, mais uma vez dá-se o enfrentamento entre aqueles que seguem a linha de Lenin e os que estimam que, diante do perigo, a união com os socialistas moderados é inevitável. Grave hesitação, mas o comitê central termina por fim reagrupando-se para organizar a luta.

O golpe de Kornilov vai fracassar de forma lamentável. O general tinha jurado que combateria até a última gota de sangue. "O caso não chegará a derramar a primeira. Os soldados de Kornilov sequer tentaram empregar as armas para abrir caminho a Petrogrado. Os chefes não ousaram comandá-los. O complô decompôs-se, pulverizou-se, volatilizou-se."[57] Essa impressionante reviravolta explica-se antes de tudo pela nulidade dos kornilovianos. "O estado-maior dos conspiradores era o mesmo e antigo estado-maior czarista, uma chancelaria de pessoas sem miolos, incapazes de refletir de antemão, no grande jogo em que engajavam, dois ou três golpes seguidos."[58] Nada havia sido previsto, nem o armamento, nem os transportes. Ao contrário, a resistência popular se organizou rapidamente sob o estímulo dos bolcheviques. Operários foram armados para a defesa de seus bairros. Nas usinas Putilov, trabalhava-se dia e noite na armação de canhões. Os trabalhadores ferroviários bloqueavam os trens, detendo as tropas de Kornilov. Os empregados dos correios e telégrafos interceptavam as mensagens

---

[57] Trotsky, *Histoire de la Révolution russe* [1930-1932], t.II, p. 239 [ed. bras.: *A história da Revolução russa*, t.II, p. 240].
[58] Idem.

que portavam ordens do Grande Quartel General. A Organização Militar bolchevique mobilizava a guarnição da capital. "O general rebelde", diz Trotsky, "tinha batido o pé no chão, legiões haviam brotado da terra; só que eram legiões inimigas".

7. O caso Kornilov ressuscita o partido bolchevique, que aparece como o vencedor do *putsch*. Sua influência cresce no soviete de Moscou e no de Petrogrado, do qual Trotsky se tornará presidente, como em 1905. Na província, os sovietes de Kiev, Saratov, Ivanovo-Voznesensk alinham suas posições com a da capital. O Comitê Executivo do Soviete, que continua sustentando o governo, reage e convoca, sobre o mesmo princípio que a Conferência de Estado, uma Conferência Democrática que designa um pré-parlamento encarregado de preparar as eleições da futura Assembleia Constituinte. Desde a primeira sessão, em 7 de outubro, os bolcheviques levantam-se e saem em massa, depois um retumbante discurso de Trotsky que termina assim: "Nós, fração bolchevique da social-democracia, declaramos: com este governo que trai o povo, com a cumplicidade do conselho da contrarrevolução, nós não temos nada em comum. Deixando-o, nós convocamos os operários, os camponeses e os soldados em vigilância a mostrar sua coragem".[59] Esse rebuliço soa como o primeiro tempo da insurreição de outubro.

---

[59] Citado por Marc Ferro, *La Révolution de 1917* [1967], p. 819. A versão de Trotsky, *Histoire de la Révolution russe* [1930-1932], t.II, p. 440, é ligeiramente diferente.

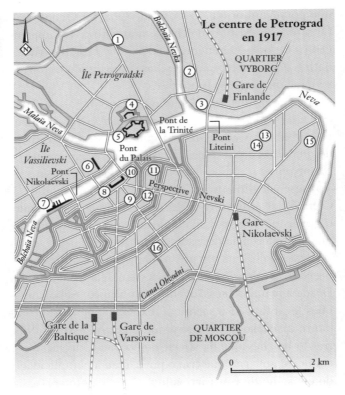

Centro de Petrogrado em 1917

1 - Apartamento de Sukhanov
2 - Redação do *Trud*
3 - Escola de artilharia Mikhailovsky
4 - Arsenal Kronwerk
5 - Fortaleza São Pedro e São Paulo
6 - Universidade
7 - Cruzeiro *Aurora*
8 - Comando da Marinha
9 - Central telefônica
10 - Palácio de Inverno
11 - Redação do *Pravda*
12 - Catedral de Kazan
13 - Duma
14 - Palácio de Tauride
15 - Instituto Smolny
16 - Central elétrica

8. Essa insurreição não parece com nenhuma outra. Antes de tudo, ela é discutida e preparada a céu aberto, à vista de todos. Nos jornais, nas ruas, nas reuniões públicas, o único assunto é o Segundo Congresso dos sovietes, previsto para o dia 20 de outubro: os bolcheviques terão aí maioria e tomarão o poder, ou talvez iniciarão uma insurreição armada. Kerensky, sempre fanfarrão, declara que deseja um golpe bolchevique para poder dar xeque-mate; já os militares expõem abertamente sua inquietude. Durante quase três semanas, a insurreição é o tema que eclipsa todos os outros.

Outro fato surpreendente: contrariamente à lenda, a insurreição de outubro não é conduzida por um partido homogêneo e disciplinado. Assolam-no divergências internas e, o que é mais impressionante, Lenin, sua principal cabeça pensante, o dirigente mais velho e mais prestigioso, vai dar, desde a Finlândia, seguidas guinadas de 180° que mergulham os dirigentes bolcheviques na maior perplexidade – e que continuarão, ademais, um tema tabu na historiografia stalinista.[60] Considere-se:

• Depois do desastre de julho, Lenin defendia, como vimos, que a palavra de ordem "todo o poder aos sovietes" havia caducado, que os mencheviques e os SR eram irrecuperáveis pela revolução e que era necessário preparar a tomada de poder pela força. Ora, depois do golpe de Kornilov, sua posição muda inteiramente. Em um artigo do dia primeiro de setembro intitulado "Sobre os compromissos", alinha-se praticamente à direita do partido bolchevique: retorno a "Todo o poder aos sovietes", com a condição de que os mencheviques e os SR aceitem formar, juntos, um governo

---

[60] Alexander Rabinowitch, *Les bolcheviks prennent le pouvoir* [1976], note 4, p. 342.

sem partidos burgueses, responsável diante do Soviete. Os bolcheviques não participariam desse governo, mantendo liberdade plena para difundir suas ideias. Nesse começo de setembro, Lenin reafirma em diversos artigos sua nova posição. "Nosso objetivo não é o de entrar em conflito com os líderes do Soviete, mas o de extrair daí elementos os mais revolucionários e de mobilizá-los atrás de nós"; ou ainda, "Somente a transferência imediata de todo o poder aos sovietes pode impedir a guerra civil na Rússia".

A reviravolta – no mínimo inesperada – é mal recebida pelos elementos mais avançados do partido, em particular os comitês bolcheviques de Moscou e de Petrogrado, sempre mais "à esquerda" que o comitê central. No comitê de Petrogrado, um militante chamado Slutsky exclama: "Nas usinas, entre os camponeses pobres, assistimos uma evolução à esquerda. Almejar um compromisso agora é ridículo! Nada de compromisso! Temos o dever de tornar clara nossa posição e de nos preparar sem discussão para a luta armada." Mas a nova posição de Lenin é aprovada e difundida pelo comitê central.

• Duas semanas mais tarde, no dia 15 de setembro, os dirigentes do partido recebem de Lenin duas cartas explosivas que marcam uma virada *em sentido inverso à precedente*. Na primeira: "Os bolcheviques, tendo obtido a maioria dos sovietes das duas capitais, podem e *devem* tomar em suas mãos o poder do Estado." Os dirigentes do partido têm por tarefa "organizar uma insurreição armada em Petrogrado e em Moscou, derrubar o governo e tomar o poder". Na segunda carta, Lenin afirma que "tratar a insurreição como arte não é blanquismo", como pretendem os oportunistas, mas um ponto essencial do marxismo. Recusá-lo é "trair ao mesmo tempo o marxismo e a revolução". Ele termina então com diretivas táticas precisas voltadas às usinas e casernas, centrais telefônicas etc.

Os dirigentes bolcheviques encontram-se perplexos. O comitê central, reunido em sessão secreta na mesma noite, decide não tornar públicas as cartas e cuidar para que o comitê de Petrogrado não proponha nenhuma ação nas usinas ou quartéis. Pior ainda, faz publicar em *Rabochii put'* (a *Via Operária* que substituiu o *Pravda* interditado em julho) um dos artigos de Lenin, do começo do mês, que exprime visões "moderadas".

• Depois de haver enviado uma série de cartas intimidatórias que permanecem sem efeito, depois de ameaçar demitir-se do comitê central, Lenin decide voltar a Petrogrado. No dia 10 de outubro, o comitê está reunido no apartamento de um velho menchevique, Sukhanov, cuja companheira é bolchevique. Por volta das dez horas da noite, Lenin faz sua entrada. "De cabeça raspada, com peruca e óculos, possuía um ar de pastor luterano", lembra-se Kollontai. Por mais de uma hora retoma seus argumentos: o governo se prepara para abandonar Petrogrado nas mãos dos alemães, a maior parte do povo está do lado dos bolcheviques, a situação está madura, é um absurdo esperar o que quer que seja da Assembleia Constituinte. A tomada de poder deve se dar antes da reunião do Segundo Congresso dos sovietes de toda a Rússia (previsto para o dia 18, depois para o 25 de outubro). A discussão segue até a manhã. Kamenev e Zinoviev novamente afirmam que a maioria das tropas permanecerá fiel ao governo, que o partido terá contra ele "as Centúrias Negras, os *kadets*, Kerensky e o governo provisório, além do Comitê Executivo do Soviete, os SR e os mencheviques", e que a derrota é inevitável. Eles propõem uma linha defensiva que consiste em ganhar a representação mais ampla possível na Assembleia Constituinte para aplicar o programa do partido.

Para terminar, Lenin elabora em uma folha de caderno escolar uma resolução, que constitui um chamado às armas. É adotada por 10 votos contra 2 (Zinoviev e Kamenev), mas a luta ainda não acabara. O texto votado não apresenta uma data precisa para o desencadeamento da insurreição, tanto que Kalinin poderá dizer: "A resolução é uma das melhores que o comitê central adotou, mas não se sabe quando o levante se dará, talvez em um ano". Durante uma reunião do comitê, realizada em um subúrbio no dia 16 de outubro, a controvérsia volta a ser suscitada. Zinoviev e Kamenev apresentam suas demissões. No dia seguinte, expõem seus argumentos contra a insurreição no jornal de Gorki, e por causa disso Lenin exige que o partido os expulse – o que é recusado.

Como uma insurreição preparada nessas condições pôde levar à vitória uma semana mais tarde? Entre as razões, certamente deve ser reconhecido o papel da sorte – da qual nunca se fala: o que adveio efetivamente é sempre considerado como a única eventualidade possível, o resto sendo mera especulação sem interesse histórico. Ora, parece-me claro que durante a insurreição de outubro, a sorte estava do lado bolchevique. Uma outra razão reside no amadorismo do campo oposto, seus embaraços, suas fanfarronices. Enfim e acima de tudo, se a insurreição levou à vitória, é graças à coragem e ao entusiasmo dos operários, dos soldados e dos marinheiros, à eficácia das organizações bolcheviques de base, a essa grande onda popular que varreu em algumas horas os antagonismos e as hesitações da direção.

Durante os dramáticos levantes de 20 a 25 de outubro, espalha-se o rumor de que o governo enviará ao *front* a guarnição de Petrogrado, de cuja lealdade o próprio governo, com razão, desconfia. Para organizar a resistência, um Comitê Militar Revolucionário (CMR) é formado por volta do dia 20 de outubro, com uma maioria de bolcheviques, dentre os quais Trotsky, como também uma forte presença de anarquistas e SR de esquerda, dentre os quais o jovem Lazimir que é nomeado presidente. Desde sua formação o CMR se opõe ao Grande Quartel General: envia comissários aos batalhões e aos depósitos de armas e dissemina um texto voltado a toda a guarnição, especificando que somente serão válidas as ordens assinadas pelo próprio comitê. Os sucessos são rápidos: no dia 23, a guarnição da Fortaleza São Pedro e São Paulo decide seguir as ordens do CMR e o arsenal Kronwerk libera um imenso estoque de armas e munições. Nas unidades, nas usinas, grandes encontros aclamam os oradores bolcheviques.

Kerensky tenta reagir, ordena perseguições contra os membros do CMR e envia cadetes (alunos militares) para fechar os dois jornais bolcheviques, *Rabochii put'* e *Soldat*. A tentativa marca uma virada: se até então os bolcheviques demonstravam uma posição defensiva, seu objetivo abertamente declarado é, doravante, a tomada do poder. Enquanto os delegados do Segundo Congresso dos sovietes chegam em pequenos grupos ao Smolny, transformado em quartel-general, Trotsky envia uma companhia do regimento Litovsky para retomar o controle dos jornais ocupados. Em 24 de outubro, o governo levanta as pontes sobre o rio Neva – a célebre sequência de *Outubro* (1927) de Eisenstein – para impedir que os bairros operários apoderem-se do centro, mas depois de uma breve batalha entre os *kadets* e o batalhão feminino de choque de um lado, e guardas vermelhos operários do outro, a passagem é restabelecida. Sem um tiro, a central telegráfica é ocupada por marinheiros que começam a afluir de Kronstadt, e que depois, na noite do 24 para o 25, ocupam a central telefônica, o correio, o Banco do Estado, a central elétrica. As sedes do poder mergulham na escuridão e ficam sem contato telefônico com o exterior.

Apesar desses sucessos, o comitê central do partido encontra-se indeciso uma vez mais: tomar o poder ou esperar as decisões do Segundo Congresso – entre as duas opções opostas ele é incapaz de decidir. Lenin decide então sair do subúrbio onde está escondido e, na noite do 24 para o 25, chega ao Smolny. Seus objetivos são claros e imediatos: tomar o Palácio de Inverno, dissolver o governo, deter e aprisionar Kerensky e os ministros, tudo antes da abertura do Segundo Congresso.

Ao contrário do que conta a lenda, o Palácio de Inverno não foi tomado de assalto. Essa lenda foi magnificada pelas imagens finais de *Outubro*, realizado em 1927, já sob Stalin, enquanto *Os Dez Dias que Abalaram o Mundo*, redigido no calor da hora por John Reed, mostra o contrário exato. As forças reunidas para defender o palácio – batalhão de ciclistas, batalhão de choque das mulheres, *kadets*, *junkers*, cossacos – desagregam-se pouco a pouco. As unidades chamadas em socorro não chegam. No dia 25, às 6 horas da tarde, o CMR envia um ultimato:

> O Palácio de Inverno está cercado pelas forças revolucionárias. Os canhões da Fortaleza São Pedro e São Paulo e os do cruzador *Aurora* estão apontados para o Palácio de Inverno e para os edifícios do Grande Quartel General.

Nós propomos a capitulação do governo provisório e das tropas que o apoiam. Vocês têm vinte minutos para responder. Este ultimato expira às 7h10, depois do que abriremos fogo.

capítulo IV

Os ministros reunidos recusam a capitulação. Por razões técnicas, o bombardeio começa apenas às 11 horas da noite: os canhões do *Aurora* disparam em seco, depois duas bombas caem no palácio, uma das quais explode justo acima do cômodo em que se encontram os ministros. Por volta de 2 horas da manhã, estes decidem capitular. Antonov Ovseenko, que coordenou o movimento, entra na sala de reuniões com seu pequeno chapéu e seus óculos, encabeçando uma multidão armada. Os ministros são detidos – mas não Kerensky, que deixou o palácio em direção ao *front* – e conduzidos à Fortaleza São Pedro e São Paulo.

No Congresso dos sovietes, por ironia da história, é dado a Kamenev anunciar a queda do governo provisório. Interrompem-se as discussões que se arrastavam. Lunatcharski lê um manifesto redigido por Lenin, que funda um novo regime revolucionário. Ele é aprovado às 5 horas da manhã, no dia 26 de outubro, por imensa maioria e sob entusiasmo geral.

Então, a insurreição de outubro foi preparada, lançada e dirigida pelo partido bolchevique. Mas – e é um *mas* que muda tudo – o partido de então não tem nada a ver com o que se tornou em seguida. Mesmo que sua organização seja do tipo "conspirador", ele não é absolutamente disciplinado, não tem nada de burocrático; aí se disputa, aí se injuria, aí se excomunga para terminar em abraços alguns dias mais tarde. A fábula de um partido piramidal conduzido à mão de ferro por um Lenin sempre clarividente foi construída sob Stalin para corroborar sua própria tirania. Seria possível pensar que depois de sua morte, depois do desmoronamento do "socialismo real", tal falsificação histórica seria retificada. Mas ora, nada disso. A maior parte dos historiadores, sobretudo na França, continua a revestir o partido de 1917 com a imagem da terrível organização que ele se tornou nos anos 1930. Procuram provar que tudo estava em germe, desde o começo, para que sobreviesse o pior: os processos, o gulag, o terror. É que ainda hoje tal imagem conserva sua utilidade: tudo é bom para desacreditar a revolução.

Segundo a ortodoxia marxista, a insurreição espartaquista de janeiro de 1919 – e de uma forma mais geral a Revolução alemã – tinha muito mais trunfos que a insurreição russa: uma grande classe operária em um país onde a indústria ultrapassava a da Inglaterra, o partido social-democrata mais forte de todo o Ocidente, em filiação direta com os teóricos históricos, posto que sua principal figura, August Bebel, tinha contato direto com Marx e Engels. Por todas essas razões, os bolcheviques, Lenin em particular, tomavam por iminente – e decisiva para sua própria sorte – a vitória da revolução na Alemanha.

Que essas esperanças tenham sido frustradas deve-se a uma série de razões, cuja principal é a própria natureza do partido social-democrata alemão (SPD). Como os socialistas franceses, o SPD tinha votado a favor dos créditos de guerra em agosto de 1914 e continuava desde então a defender a linha da "defesa nacional". Com suas centenas de milhares de membros e seus quatro milhões de eleitores, seus 90 jornais, seus sindicatos, seus clubes esportivos, suas juventudes organizadas, seus inúmeros quadros permanentes, o partido formava um império imponente. Em comparação, os socialistas moderados russos, os mencheviques de 1917, parecem pálidos: muito menos numerosos e menos radicados na classe operária, eles não abandonaram completamente a ideia da revolução, de onde suas hesitações e seus adiamentos. Na Alemanha, ao contrário, o SPD é desde o início o mais poderoso ator da contrarrevolução, no qual se apoiam a alta burguesia e o corpo de oficiais. Seu principal dirigente, Friedrich Ebert, grosseiro mas frio e determinado, é de outra têmpora em relação ao diletante Kerensky. Ele dizia: "Eu odeio a revolução como odeio o pecado", e num tal espírito conduzirá o SPD ao combate.

Entretanto, em 1916 uma oposição aparece dentro do SPD, exigindo o fim do estado de exceção, o restabelecimento das liberdades democráticas e a busca pela paz sem anexações. O executivo do partido conduz a toque de caixa o expurgo. Os "sabotadores" excluídos decidem então constituir-se em um partido social-democrata independente da Alemanha (*Unabhängige Sozialdemokratische Partei Deutschlands*, ou USPD). Não se trata de uma clivagem entre revolucionários e reformistas, mas de uma cisão entre reformistas, que se opõem diante de uma única questão, a da guerra. Os Independentes levam com eles cerca de 120 mil militantes contra 170 mil que permanecem fiéis ao SPD.[61] Eles juntam tanto as figuras da extrema esquerda quanto a moderados como Kautsky e mesmo o "revisionista" Bernstein.

Diante desses dois mastodontes, os revolucionários são pouco numerosos e divididos em três grupos. O primeiro constituiu-se no começo da guerra ao

---

61 Pierre Broué, *La Révolution allemande* (Paris, Minuit, 1971), p. 40.

redor de Rosa Luxemburgo, Karl Liebknecht, Franz Mehring e Clara Zetkin, que fundam em 1915 a revista *Die Internationale* e publicam a partir de 1916 os *Spartakusbriefe* (Cartas de Espártaco), de onde o nome de espartaquistas. Membros do SPD, eles seguem os Independentes no momento da cisão. Temem separar-se das massas operárias deixando o partido. Como escreve Leo Jogiches, muito próximo de Rosa Luxemburgo: "Devemos combater pelas massas ainda hesitantes que seguem hoje o USPD. E não podemos fazê-lo senão conduzindo o combate no cerne do partido, sem criar uma organização totalmente separada."[62] A própria Rosa Luxemburgo escreve a uma amiga: "Nós não podemos ficar no exterior da organização, fora do contato com as massas. Mais vale o pior dos partidos operários do que nada."[63]

O segundo grupo é formado por revolucionários radicais que se recusam a aderir ao USPD. Reúne o "grupo de Bremen" ao redor de Johann Knief e Paul Frölich (aluno de Rosa Luxemburgo na escola do partido, que será mais tarde seu biógrafo e o historiador da Revolução alemã), os *Radikalen* de Hamburgo e o partido comunista de Dresden, movimentos que se fundem no final de 1918, formando o Partido dos Comunistas Internacionais da Alemanha (IKD). Este grupo está em contato direto com os bolcheviques e em particular com Karl Radek, enviado especial do partido na Alemanha, que defende uma linha leninista: "A ideia de construir um partido em comum com os centristas [os Independentes] é uma perigosa utopia".[64]

---

[62] Chris Harman, *The lost revolution, Germany 1918-1923* (Bookmarks, Londres/Chicago/Sydney, 1997 [1982]), p. 36.

[63] Pierre Broué, *La Révolution allemande* [1971], p. 22.

[64] Pierre Broué, *La Révolution allemande* [1971], p. 41.

O terceiro grupo constitui-se no próprio curso da revolução, em torno dos *Revolutionäre Obleute* ou delegados revolucionários. Nasce a partir da associação de torneiros do sindicato de metalurgia, que ocupam um lugar importante na indústria de armamentos. Essa rede acaba por compreender mais de 100 mil trabalhadores, a maior parte membros do USPD, que desempenharão, não obstante, um grande papel nos levantes revolucionários.

A Revolução alemã começa, como se viu, nos portos do Mar do Norte, em Kiel, depois em Wilhelmshaven. Nos navios de guerra, os marinheiros se recusam a participar de um combate de honra, sem perspectiva de vitória, contra a frota inglesa. No dia 3 de novembro de 1918, à ordem de zarpar eles respondem apagando as caldeiras. Detêm os oficiais, elegem conselhos de marinheiros, içam a bandeira vermelha. São seguidos por trabalhadores dos arsenais que elegem um conselho operário e decretam a greve geral. O movimento se espalha com grande velocidade pelo país e, no dia 9 de novembro, Karl Liebknecht, que por sua coragem havia se tornado um herói popular (pois tinha ousado discursar contra a guerra, no primeiro de maio de 1916, na Potsdamer Platz), proclama do balcão do Palácio Imperial "a república socialista alemã".

A revolução tinha triunfado sem oposição séria.

> Todas as classes acolheram-na favoravelmente porque nela reconheceram a melhor forma de pôr fim a uma guerra irremediavelmente perdida e de derrubar um sistema julgado grotescamente anacrônico. [...] O socialismo estava na moda e, como por milagre, quase todos se descobriram socialistas, até o diretor do Banco Nacional. [...] Nas primeiras semanas, a revolução

banhou-se na bruma sulfurosa do servilismo e da simpatia melosa que as classes dominantes derramaram sobre a classe operária.[65]

É nesse clima que no dia 10 de dezembro constitui-se um governo que ganha o nome altamente demagógico de "Conselho de Comissários do Povo": seis membros, três do SPD e três independentes. Seu chefe, Erbert, torna-se no mesmo dia chanceler do Reich: o príncipe Max de Bade, primo do imperador nomeado para o posto em setembro, renunciou em seu favor.

A princípio, o Conselho de Comissários do Povo é posto sob o controle dos conselhos de operários e de soldados que são formados em todo o país. Durante um tempo, pode-se pensar que se constituirá uma espécie de poder dual como na Rússia no ano anterior, mas a situação é completamente diferente. Os conselhos operários alemães não são uma emanação da base: as eleições são organizadas dando vantagem ao SPD e aos sindicatos, com a participação dócil de Independentes. Quanto aos conselhos de soldados, eles são, no conjunto, hostis a toda política revolucionária. No *front* oriental, no exército em plena decomposição, formam-se grupos para combater os vermelhos na Finlândia e na Rússia, esboçando o que logo se tornarão os *Freikorps*, ponta de lança da contrarrevolução. A oeste, os conselhos de soldados são organizados por oficiais. Um deles escreve: "Deve-se intervir com celeridade constituindo conselhos de soldados enquanto órgãos consultivos que canalizem o descontentamento, tornando assim o exército cada vez

---

[65] Paul Frölich, Rudolf Lindau, Albert Schreiner e Jakob Walcher, *Révolution et contre-révolution en Allemagne, 1918-1920* (Paris, Science marxiste, 2013 [1929]), p. 5 e 7.

mais impermeável às tendências extremistas".⁶⁶ É apenas dentro do *Landwehr*, o exército alocado na própria Alemanha, que as ideias revolucionárias se propagam, nos conselhos de soldados em contato com operários.

O governo Ebert mantém os ministros em seus postos e, do mesmo modo, o aparelho de Estado, a burocracia, a justiça do império continuam em seu lugar. Os velhos Estados alemães, a Baviera em particular, continuam a funcionar com seus ministros e seu parlamento. A hierarquia e a disciplina militares, por um momento ameaçadas, são restabelecidas.

Para fazer reinar a ordem e canalizar o descontentamento, o governo decide convocar uma Assembleia Nacional Constituinte. O projeto é apoiado pela burguesia – muito mais vigorosa que a débil burguesia russa de 1917 –, pelo SPD e um pouco menos claramente pelos Independentes que se limitam a exigir um prazo mínimo para preparar as eleições. A Liga Spartacus e os Comunistas Internacionais opõem-se desde o princípio. No dia 20 de novembro, Rosa Luxemburgo escreve em *Die Rote Fahne* (*A Bandeira Vermelha*), o jornal espartaquista: "Nenhum embuste, nenhuma hipocrisia: os dados estão lançados. O cretinismo parlamentar foi no passado uma fraqueza, é hoje uma ambiguidade, será amanhã uma traição ao socialismo."⁶⁷ Com a palavra de ordem "Contra a Assembleia Nacional", os revolucionários conseguem reunir multidões cada vez mais numerosas, decepcionadas pela guinada dada pelo poder socialista. Em Berlim, os trabalhadores das grandes empresas participam aos milhares dos encontros de

---

66 Paul Frölich e outros, *Révolution et contre-révolution en Allemagne* [1929], p. 11.
67 Pierre Broué, *La Révolution allemande* [1971], p. 81.

oradores espartaquistas, Karl Liebknecht, Paul Levi, Wilhelm Pieck. Os espartaquistas, que, todavia, fazem parte dos Independentes, exigem a convocação de um congresso extraordinário. Em 15 de dezembro, Rosa Luxemburgo convoca os dirigentes do partido a deixar o governo, mas sua moção é rejeitada por 485 votos contra 185, após o que os espartaquistas decidem enfim deixar os Independentes e constituir-se em um partido autônomo.

Durante o mês de dezembro de 1918, os confrontos se multiplicam entre o exército e a Liga dos Soldados Vermelhos formada pelos revolucionários mais impacientes. Diante da situação explosiva, os espartaquistas ficam divididos. Para a central do partido, para Rosa Luxemburgo, Leo Jogiches e Paul Levi, as classes dirigentes e o governo Ebert estão em posição de força e os trabalhadores não têm outra escolha senão implicar-se na campanha eleitoral, usando a tribuna para mobilizar as massas. Para os mais nervosos, ao contrário, para a Liga dos Soldados Vermelhos, lutar contra as eleições é lutar pela derrocada do governo. Encontra-se a mesma divergência entre os Comunistas Internacionais, em que Frölich é partidário do boicote das eleições, enquanto Knief opõe-se a ele.

Apesar de tais motivos de discórdia, apesar da confusão na vanguarda revolucionária, espartaquistas e Comunistas Internacionais se reúnem num congresso em Berlim em 30 de dezembro de 1918 para fundar o Partido Comunista Alemão (KPD). Em nome da central espartaquista, Paul Levi toma posição pela participação na campanha eleitoral, seguido por Rosa Luxemburgo e – a contragosto – por Karl Liebknecht. Suas intervenções são frequentemente interrompidas pela sala, o debate torna-se tempestuoso. Em contrapartida, os oradores mais à esquerda são loucamente aplaudidos, como Otto Rühle, que clama: "Possuímos agora outras tribunas! A rua é a grandiosa tribuna por nós conquistada e que não será abandonada, mesmo que atirem em nós!".[68] Ao final, o congresso rejeita a resolução de Levi e adota a de Rühle – o boicote às eleições – por 62 votos contra 23.

Neste ínterim, o governo Ebert e o Grande Quartel General, constatando o avanço das ideias – e da práxis – revolucionárias entre os operários e a guarnição de Berlim, se prepara para o confronto. Por um lado, organizam uma campanha de ódio contra os espartaquistas por meio de cartazes, panfletos e jornais – que brandem, todos, o espectro do bolchevismo. O *Vorwärts*, diário da social-democracia, trata Liebknecht como doente mental. "Karl Liebknecht, um certo Paul Levi e a impetuosa Rosa Luxemburgo, que nunca trabalharam num torno ou num andaime, estão em vias de arruinar os nossos sonhos e os de nossos pais."[69] Por outro lado, o alto comando formara, como se viu, corpos de mercenários, os *Freikorps*, cujo soldo elevado é pago graças aos aportes da grande indústria. Armados e instruídos para a guerra de rua, fortalecidos com vários milhares de homens, permanecem estacionados nas proximidades de Berlim. Gustav Noske, comissário da Guerra, torna-se o homem forte do momento, uma vez nomeado comandante supremo das tropas de Berlim. No momento decisivo, fará uso das seguintes palavras: "Creio que alguém deve fazer o trabalho do carrasco. Pessoalmente, eu não temo essa responsabilidade."

---

[68] Pierre Broué, *La Révolution allemande* [1971], p. 103.
[69] Paul Frölich e outros, *Révolution et contre-révolution en Allemagne* [1929], p. 45.

Entre o fim de dezembro e o começo de janeiro de 1919, a Alemanha inteira é sacudida por greves. Choques sangrentos multiplicam-se, em Dortmund, em Düsseldorf, em Hamburgo... Para Noske e os seus, é preciso acabar com isso. Tendo em mãos um exército de guerra civil, o governo e o alto comando montam uma série de provocações para impelir os revolucionários à insurreição e esmagá-los de uma vez por todas. O ponto culminante vem com o caso Eichhorn. Este veterano social-democrata, membro dos Independentes, tinha sido nomeado chefe da polícia de Berlim pela Revolução de novembro. No dia primeiro de janeiro, o *Vorwärts* abre contra ele uma campanha de difamação, acusando-o de ter recebido ouro russo. No dia 4, ele é destituído do cargo, mas se recusa a deixá-lo. Em apoio a Eichhorn, os Independentes berlinenses de esquerda, os *Revolutionäre Obleute* e a central do KPD lançam na manhã do dia 5 de janeiro a palavra de ordem para uma grande manifestação na Siegesalee. Seu panfleto comum termina assim: "Trata-se de vossa liberdade, trata-se de vosso futuro! Trata-se do destino da revolução! Viva o socialismo revolucionário internacional!".[70] Mas apesar do tom enérgico, tratava-se para os organizadores de um protesto pacífico e não de um movimento insurrecional.

A amplitude da manifestação foi assombrosa: todo o centro de Berlim foi ocupado por centenas de milhares de proletários, da Siegesalee à Alexanderplatz.

> O que se viveu aquele dia em Berlim talvez tenha sido a maior manifestação de massa jamais vista na história. De Roland a Victoria [da fonte de Roland à coluna da Vitória,

[70] Pierre Broué, *La Révolution allemande* [1971], p. 114.

as duas extremidades da Siegesallee] havia proletários, ombro a ombro. Iam até longe no Tiergarten. Tinham levado suas armas, agitavam suas bandeiras vermelhas. Estavam prontos para fazer tudo e para dar tudo, mesmo as suas vidas. Um exército de duzentos mil homens, como nenhum Ludendorff tinha visto.

Mas esse imenso ímpeto não resultou em nada.

As massas estavam lá desde cedo, no frio e no nevoeiro. E os líderes reuniam-se em algum lugar e deliberavam. A névoa aumentava e as massas esperavam saída. Meio-dia chegou e, além do frio, a fome. E os líderes deliberavam. As massas deliravam de excitação, elas queriam um ato, uma palavra que apaziguasse seu delírio. Ninguém sabia o quê. Os líderes deliberavam.[71]

Reunidos no comando da polícia em Alexanderplatz, as lideranças das três organizações que tinham conclamado a manifestação estavam de fato divididas. Uns estimavam que apesar da amplitude da manifestação, a situação não estava madura, que não era possível contar com a província, e que era preciso contentar-se com a obtenção da reintegração de Eichhorn ao cargo, o desarmamento das tropas contrarrevolucionárias e o armamento do proletariado. Ao contrário, para os outros, dentre os quais Liebknecht – sem um mandato da central do partido – e Ledebour, falando pelos *Revolutionäre Obleute*, era derrubar o governo agora ou nunca. Por unanimidade menos seis votos, a assembleia decidiu tentar a aventura. Criou para tal um Comitê Revolucionário, sem dúvida de acordo com o modelo do Comitê Militar Revolucionário de outubro de 1917,

---

[71] Pierre Broué, *La Révolution allemande* [1971], p. 114. Texto publicado no dia 5 de setembro de 1920 em *Die Rote Fahne*, não assinado, mas provavelmente escrito por Paul Levi.

mas inchado (52 membros) e que seria ineficaz. Durante esse tempo, os operários revolucionários deixados sem orientações ocupavam o *Vorwärts* e outros jornais, o quartel do corpo de engenharia da Köpernickerstrasse, a Imprensa Nacional, a Potsdamer Bahnhof...

Mas no dia seguinte, 6 de janeiro, as ilusões dissiparam-se. Revelou-se que apesar das centenas de milhares de manifestantes da véspera, não havia mais do que dez mil homens determinados a lutar. A massa operária estava preparada para se manifestar, mas não para se lançar em uma luta armada. Na central do KPD que se reuniu à noite, Radek fez chegar uma mensagem rogando ao partido que abandonasse qualquer ideia de insurreição. Mas Rosa Luxemburgo, certamente convencida de que a retirada era necessária, não queria desautorizar os insurretos em pleno combate e se recusava particularmente a condenar Liebknecht por ter agido por iniciativa própria. A mesma hesitação surgia entre os *Revolutionäre Obleute*.

Qualquer que tenha sido a decisão, as organizações que tinham conclamado a manifestação, e depois a tomar as armas, não tinham demasiada influência sobre os operários insurgidos para detê-los em seu impulso e fazê-los dobrar-se à boa ordem – como o haviam feito os bolcheviques em julho de 1917. Por fim, face à iniciativa dos *Revolutionäre Obleute*, o Comitê Revolucionário decidiu exigir do governo uma negociação. As sessões começaram na noite do 6 ao 7 de janeiro, mas o governo arrastou o processo e, na noite do 10 ao 11, Noske lançou a ofensiva. Os *Freikorps* retomaram, um por um, todos os pontos ocupados pelos revolucionários, os regimentos da Guarda investiram contra a Spandau, um dos bastiões da insurreição, os ocupantes do *Vorwärts* foram subjugados a tiros de canhão, os parlamentares que haviam sido enviados para negociar a rendição foram fuzilados. O comando da polícia foi tomado de assalto depois de um intenso bombardeio – onde também, ainda portando a bandeira branca, a delegação foi fuzilada na praça.

Os *Freikorps* buscavam os líderes revolucionários, mas nem Rosa Luxemburgo nem Karl Liebknecht queriam abandonar Berlim no momento em que a repressão golpeava os operários insurretos – atitude heróica, bem diferente da conduta mais realista de Lenin em julho de 1917. Rosa conseguia manter o *Die Rote Fahne* saindo, Liebknecht tentava organizar em meio ao caos um grande comício em que Rosa e ele mesmo discursariam em nome do partido. Seus amigos terminaram por persuadi-los a encontrar abrigo, mas ambos recusaram deixar a cidade. Na noite de 15 de janeiro foram detidos em um apartamento perto de Charlottenburg, conduzidos ao Hotel Eden, sede do Quartel General da Divisão da Guarda, e assassinados à noite por oficiais leais ao regime. No dia seguinte, as manchetes diziam: "Liebknecht morto durante tentativa de fuga. Rosa Luxemburgo linchada pela multidão." As eleições para a Assembleia Constituinte tiveram lugar quatro dias mais tarde, no dia 19 de janeiro. Conferiram maioria esmagadora ao SPD. Lia-se nos jornais social-democratas que, graças às tropas de Noske, as votações haviam ocorrido de maneira regular em toda parte. Assim terminava o primeiro ato da Revolução alemã.

Para os historiadores trotskistas (Pierre Broué, Chris Harman), a insurreição espartaquista fracassou porque não existia partido organizado capaz de dirigi-la. Eu diria que tal ausência é antes um efeito do que uma causa. Um efeito de quê? Da presença esmagadora do

Partido Socialista Alemão, presença real, física, mas sobretudo simbólica. Para Rosa Luxemburgo, esse partido "é a própria classe operária". Pode-se criticá-lo, tentar influenciá-lo do interior, mas deixá-lo é desenraizar-se, cortar os laços com as "massas" (noção da qual nunca se falará mal o suficiente, por sinal). Essa fidelidade a uma organização *apesar* de tudo, essa incapacidade de romper, é algo que se encontra em diversos momentos da história: entre operários "lealistas" perante o partido comunista chinês quando da revolução cultural, ou ainda entre os operários franceses perante a CGT em maio e junho de 1968. Pode-se pensar que se os futuros espartaquistas tivessem deixado o SPD em agosto de 1914, no momento em que os créditos de guerra foram votados, ou se não tivessem seguido o lastimável grupo dos Independentes em 1916, se tivessem deixado a tempo a "velha casa" para fundar seu próprio partido, as coisas poderiam ter se dado de outra forma.

Na controvérsia entre Lenin e Rosa Luxemburgo, a balança pende hoje em dia para o lado de Rosa, não somente por sua figura, sua coragem, seu final trágico, mas também por suas ideias. Sua crítica ao leninismo como a "transposição mecânica dos princípios blanquistas relativos a uma organização de círculos de conspiradores",[72] sua visão das revoluções "que não se deixam dirigir como por um mestre-escola",[73] sua recusa em fixar o depois da revolução, ao escrever

---

[72] Rosa Luxemburg, *Marxisme contre dictature* (Paris, Spartacus, 1946 [1904]), p. 21.

[73] Rosa Luxemburg, *Grève de masse, parti et syndicats* (Paris, Maspero, 1964 [1906]), p. 59. https://rosalux.org.br/greve-de-massas-partido-e-sindicatos/

"O que é negativo, a destruição, pode ser decretado. O que é positivo, a construção, NÃO. Terra virgem, problemas aos milhares",[74] toda essa espontaneidade nos é mais próxima que a rigidez leninista. Mas o que mostra a triste história dos espartaquistas é o quanto Lenin tinha razão ao pressionar o partido bolchevique a recusar qualquer colaboração com os moderados, os conciliadores, os oportunistas. Ele manteve essa linha mesmo quando o grosso do partido estava pronto para "uma ampla união", ou seja, para a política da frente popular que o *Komintern* fará aplicar para o pior, doze anos após sua morte.

Cem anos mais tarde, a célebre controvérsia permanece atual. A querela entre lógica conspirativa e lógica de movimento, entre organização e espontaneidade, entre verticalidade estratégica e horizontalidade nunca acabou. Todo movimento revolucionário é uma forma de habitar a tensão entre essas duas necessidades opostas. Para alcançá-lo são necessárias antigas cumplicidades, uma análise comum da conjuntura, e mais ainda o sopro da vida coletiva onde amadurece a insurreição. É sem dúvida pela ausência de um tal contexto que se explicam a desorientação e depois a contrarrevolução que seguiram à queda do regime na Tunísia e no Egito. Inversamente, o modo com que os zapatistas lograram manter unidos a verticalidade militar clandestina do EZLN e a auto-organização das comunidades indígenas é impressionante. Por dez anos (1984-1994) prepararam uma insurreição armada sem que o Estado percebesse e

---

[74] Rosa Luxemburg, *La Révolution russe* [1918, publ. póstuma], p. 63 [ed. bras: *A Revolução russa*, trad. Isabel Loureiro, p. 95, livre acesso no site da Fundação Rosa Luxemburgo: https://rosalux.org.br/wp-content/uploads/2017/11/Rosa_Luxemburgo_-_Revolucao_Russa_-_para_baixar.pdf.]

sem formar uma guerrilha isolada da população. Além do mais, o levante que lançaram não foi um feito de um grupo armado, mas de todo um povo insurreto.

O fracasso imediato da insurreição espartaquista e o fracasso adiado da revolução bolchevique devem-se talvez ao fato que nem Lenin nem Rosa romperam com a política. Quanto aos zapatistas, eles abriram uma saída, à distância dos parlamentos, mas também dos militantes, dos grupelhos, dos partidos, daquele mundo situado em um plano flutuante, acima da existência ordinária, o qual ninguém mais deseja. Ouvi dizer que no istmo de Tehuantepec, os pescadores que lutam contra os projetos de parques eólicos das multinacionais não dizem que protegem seus interesses, nem que combatem por um ideal, dizem que *defendem sua forma de vida*.

Certamente sim

As insurreições ou revoluções iniciadas de forma voluntarista por um partido de vanguarda são pouco frequentes, se pusermos de lado as pseudoinsurreições que se deram na sequência da Segunda Guerra Mundial sob as asas do Exército Vermelho na Europa do Leste. Os dois casos exemplares, além de próximos no tempo, são as insurreições dirigidas pelo Partido Comunista Alemão (KPD) após o fim do espartaquismo, entre 1920 e 1923, e as iniciadas pelo Partido Comunista Chinês em 1927--1929. Ambas foram pavorosos desastres. Ambas foram teleguiadas por uma organização surgida nessa época, a Internacional Comunista, ou Terceira Internacional – *Komintern*, em russo. Quando de sua criação em 1919, seu objetivo era o de coordenar as lutas revolucionárias que os bolcheviques julgavam iminentes na Europa. Sob a presidência de Zinoviev (perdoado pelas hesitações de outubro), as célebres 21 condições foram impostas aos partidos comunistas que queriam aderir a ele, não obstante, o *Komintern* permanecia em princípio uma organização onde os diferentes partidos estavam em plano de igualdade. Porém, rapidamente, apesar de Lenin antecipar o perigo e propor – sem sucesso – que a organização fosse sediada em Berlim, o *Komintern* iria "russificar-se": as diretivas dadas aos partidos estrangeiros teriam então como único objetivo servir aos interesses da Rússia Soviética. Em 1924, na ocasião de seu Quinto Congresso, o *Komintern* deu uma guinada ao mesmo tempo autoritária – impondo a "bolchevização" dos partidos comunistas, ou seja, sua transformação em organizações subservientes – e de ultraesquerda. Naqueles anos, a luta interna causava estrago em Moscou, onde Stalin, Zinoviev e Kamenev trabalhavam na eliminação política de Trotsky e do "trotskismo". As peripécias dessa luta foram em muito responsáveis pelas incoerências do *Komintern* na Alemanha e mais ainda na China.

Depois da sangrenta derrota dos espartaquistas em janeiro de 1919, os *Freikorps* se lançaram em uma marcha através de toda a Alemanha: de Berlim eles passaram a Bremen, depois no Ruhr, depois a Munique onde a República dos Conselhos da Baviera foi esmagada, depois a Chemnitz, a Hamburgo... Em toda parte, os conselhos operários são dissolvidos, as greves são reprimidas, os combates fazem milhares de mortos. No fim do verão de 1919, após meses de guerra civil, a Alemanha está quase sob uma ocupação militar e a república burguesa parece estabilizada sob as baionetas. O KPD, reduzido à clandestinidade, permanece fechado em si mesmo, sem mais nenhuma influência entre os operários. Além do mais, irá cindir-se: os mais jovens, os mais impacientes, deixam-no em outubro e criam uma formação de ultraesquerda, o Partido Comunista Operário da Alemanha (KAPD).

As cláusulas do Tratado de Versalhes, tornadas públicas ao fim do ano, provocam um furor geral no país, em particular no seio do grande exército profissional constituído em torno dos *Freikorps*, que se vê diante de uma desmobilização massiva (o tratado prevê reduzi-lo a 100 mil homens). Guiadas por nostálgicos do antigo regime, as tropas serão utilizadas para um Golpe de Estado, o golpe de Kapp (a partir do nome de um burocrata que será chefe de um efêmero governo provisório). No dia 13 de março de 1920, pela manhã, sem um tiro de fuzil, as tropas golpistas ocupam Berlim. Ebert e Noske fogem, mas, no mesmo dia, a greve geral desponta na cidade e vai rapidamente estender-se por todo o país. No Ruhr, onde se forma um "Exército Vermelho", nas regiões industriais da Alemanha Central, os operários em armas atacam as tropas. Como o de Kornilov no verão de 1917 na Rússia, o golpe de Kapp será vencido pela classe operária. Mas entre os dois acontecimentos a diferença é grande. Enquanto os bolcheviques eram ponta de lança no combate contra Kornilov, o KPD posiciona-se no primeiro dia *contra a greve*: trata-se para ele de um confronto entre "duas alas da contrarrevolução", e o proletariado revolucionário "não levantará o dedo mindinho para defender o governo que assassinou Rosa Luxemburgo e Karl Liebknecht". O partido não conclama a greve senão no terceiro dia, quando há então combate em toda parte, advertindo aqueles que são tentados a tomar as armas: "Trabalhadores, não desçam às ruas. Reúnam-se nas fábricas. Não cedam às provocações da Guarda Branca!". Na prisão, Paul Levi escreve: "Meus amigos: o KPD está ameaçado de bancarrota moral e política".[75] De fato, o partido está paralisado pela lembrança do massacre dos espartaquistas no ano precedente, e o erro irá se repetir: "Em vez de tirar do passado ensinamentos sobre a situação presente, os dirigentes do KPD parecem fadados a um círculo vicioso em que cada derrota criava uma confusão, tornando inevitável a derrota seguinte".[76]

De fato, a série continuará. Durante o verão de 1920, os Independentes (USPD) racham, a ala esquerda entra em contato com o Partido Bolchevique e pede sua vinculação ao *Komintern*. Para obtê-la, decide se fundir ao KPD que, de fato, passa de um estado de quase grupelho a uma situação em que conta com efetivos consideráveis, sentindo o crescer de asas. Em março de 1921, a situação se torna tensa ao redor de Halle, onde os operários praticamente tomaram o poder no momento do golpe de Kapp. Quando as autoridades locais decidem enviar a polícia para acabar com "esses ladrões e terroristas", o KPD aproveita o pretexto para lançar uma ação de grande envergadura: faz um chamado à greve geral e ao armamento dos operários em toda a Alemanha. O fracasso é imediato e total, a greve não é levada a cabo em lugar nenhum. Longe de fazer a menor autocrítica, o KPD rejeita então a responsabilidade sobre... os próprios operários: "Vergonha e desonra ao operário que não toma parte na luta; vergonha e desonra ao operário que não sabe onde fica o seu lugar".[77] Tal foi o resultado da "estratégia ofensiva", defendida no *Komintern* por Bukharin, Zinoviev e Radek. Paul Levi, que se opora à

---

75 Citado em Chris Harman, *The lost revolution* [1982], p. 184-185.
76 Chris Harman, *The lost revolution* [1982], p. 186.
77 *Die Rote Fahne*, 30 de março de 1921.

"Ação de março", deixou o partido, que perdeu então não apenas seu dirigente mais sensato, mas também quase metade de seus dirigentes.

A desastrosa estratégia que, conduzida por um partido isolado de sua base e dirigido da Rússia por bolcheviques que se engalfinhavam, prossegue em 1923. Para a Alemanha era o ano terrível, com a ocupação do Ruhr pelos franceses e a famosa inflação que via o marco desarrochar diversas vezes por dia. A miséria era extrema e os avanços da extrema direita, fulminantes. Durante o verão, os conselhos de usina desencadearam greves em todas as regiões industriais e, em 11 de agosto, uma assembleia dos conselhos decidiu uma greve geral de três dias. Exigia a demissão imediata do chanceler Cuno e a formação de um governo operário e camponês. Cuno renunciou, mas apenas para ser substituído por Stresemann, que formou um governo de coalizão com quatro ministros do SPD. Nova reviravolta: Radek escreve que "pode ser que, apesar de tudo, o senhor Stresemann represente uma etapa que imprimirá no movimento uma pausa, um tempo de calmaria relativa". E, de maneira lastimável, o KPD deu a ordem de terminar a greve: "A luta quebrantou-se! Preparemos a próxima!".[78]

Em Moscou, o gabinete político reuniu-se no dia 23 de agosto, na ausência de Lenin, em seus estertores. Trotsky e Zinoviev estimavam que se aproximava o momento decisivo para a tomada do poder na Alemanha, para um "outubro alemão". A "comissão alemã" do *Komintern* trabalhava com representantes teutônicos na preparação da insurreição. O aparelho militar do KPD (o *M-Apparat*) viu-se reforçado por oficiais do Exército

[78] Pierre Broué, *La Révolution allemande* [1971], p. 343.

Vermelho. Milícias operárias, as "centúrias" proletárias, foram colocadas em pé de guerra, sobretudo na Saxônia e na Turíngia onde eram legalmente autorizadas. O jornal *Die Rote Fahne* de 23 de setembro publicou na primeira página um artigo intitulado: "A via da revolução proletária na Alemanha".[79] No final de setembro, os dirigentes comunistas decidiram de Moscou que o KPD devia entrar nos governos da Saxônia e da Turíngia para deles fazer "governos operários". Entretanto, na Saxônia, o exército tomava posição contra o governo local, desmantelava as centúrias proletárias, interditava os jornais comunistas. A guerra civil que ameaçava a Saxônia se estenderia por toda a Alemanha? O *Die Rote Fahne* de 20 de outubro proclamava que "os trabalhadores alemães não deixarão que o proletariado saxão seja atingido",[80] mas os Independentes de esquerda, cujo apoio era indispensável, hesitavam e, ao final, recusaram-se a convocar a greve geral. A frente única estava rompida, o comitê central do KPD renunciou à insurreição, desmoronava o arriscado plano construído em torno da "Saxônia vermelha".

Quando as tropas do general Müller entraram em ação contra o governo Saxão, os dirigentes do KPD não conseguiram chegar a um acordo. Não tinham nenhuma proposição a fazer ao proletariado e o "outubro alemão" findou-se numa derrota sem combate. Em Hamburgo, entretanto, fosse porque os comunistas não houvessem sido informados do abandono do projeto insurrecional, fosse porque esquerdistas[81]

---

79 Pierre Broué, *La Révolution allemande* [1971], p. 354.
80 Pierre Broué, *La Révolution allemande* [1971], p. 367.
81 N. do. T.: Do francês "gauchiste", referente a membros de correntes de extrema esquerda, partidárias, sindicalistas ou

locais houvessem aspirado "ultrapassar" o comitê central e forçar, apesar de tudo, a luta armada, grupos de choque comunistas atacaram comissariados e edifícios públicos, mas a base operária não os seguiu e, ao fim de dois dias, os últimos tiros de fuzil marcaram o fim da Revolução alemã.

Extintas as esperanças a oeste, a burocracia de Moscou e o *Komintern* voltaram seus olhares a leste, em direção à China. Desde 1921, existia um partido comunista chinês, composto principalmente de intelectuais e estudantes, e que não pesava muito em relação ao *Kuomintang*, o grande Partido Nacionalista fundado pelo pai da república chinesa, Sun Yat-sen. Em 1922, impulsionados por Moscou, os comunistas decidiram aderir ao Kuomintang a título individual – estratégia que em germe trazia o desastre por vir. No ano seguinte, a Rússia soviética aproximou-se do *Kuomintang* e enviou-lhe um conselheiro especial, Mikhail Borodin, encarregado de insuflar-lhe sangue novo e de coordenar a colaboração com o partido comunista. Na realidade, tratava-se antes de subordinação, com o partido comunista chinês afirmando que "o *Kuomintang* seria a força central da revolução nacional que deveria ocupar uma posição de liderança".[82] Em 1924 os russos

---

revolucionárias – cabendo notar que o termo não possui a carga pejorativa que adquiriu no atual contexto brasileiro (devido a seu insistente emprego por membros da ultradireita bolsonarista). Em outros dois contextos traduzimos "gauchiste" por "mais à esquerda" (p. 49) e "de ultraesquerda" (p. 53), buscando evitar a tradução literal (em vista da atual sobrecarga e das seguidas distorções sofridas pelo termo no Brasil).

82 No Terceiro Congresso do PC chinês, em junho de 1923. Ver Harold Isaacs, *La tragédie de la Révolution chinoise, 1925-1927* (Paris, Gallimard, 1967), trad. René Viénet, p. 97 [ed. original:

fundaram a Academia Militar de Whampoa, liderada por Chiang Kai-shek, que havia passado seis meses em Moscou para aprender os métodos do Exército Vermelho e que rapidamente tornou-se o homem forte do *Kuomintang*. Os comunistas ajudaram o Partido Nacionalista a estabelecer seu poder em Cantão, depois a implantar-se em Shanghai graças a uma imensa greve que incluiu o boicote às mercadorias britânicas, e enfim a varrer os senhores da guerra durante a grande "Campanha do Norte". Apoiado por Borodin, Chiang Kai-shek assumiu o comando de um *Kuomintang* que, para Moscou, havia se tornado a força destinada a "destruir as fundações da dominação imperialista na Ásia". Era o retorno da velha linha menchevique: Stalin declarava diante dos estudantes em 1925 que, nos países coloniais e semicoloniais, o bloco nacionalista "podia revestir a forma de um partido único de operários e camponeses, do tipo de *Kuomintang*".[83]

Em Moscou, a batalha é encarniçada no interior do partido, onde Stalin e Bukharin (Zinoviev e Kamenev estando à margem) trabalham pela eliminação política de Trotsky e da oposição. Nessa luta a questão chinesa adquire a maior importância: para Trotsky, o Partido Comunista Chinês deve readquirir sua independência, enquanto Stalin e os seus, ao contrário, proíbem toda ação autônoma. Quando os comunistas chineses advertem Moscou que Chiang Kai-shek almeja desarmar os operários de Shanghai, Bukharin responde: "Enterrem as armas".[84]

The tragedy of the Chinese Revolution (London, Secker & Warburg, 1938)].

[83] Harold Isaacs, *La tragédie de la Révolution chinoise* [1938], p. 129.
[84] Pierre Broué, *Le parti bolchevique* [1963], p. 257.

O resultado de uma política como essa não se faz esperar muito. Em Shanghai, diante da aproximação das tropas nacionalistas da "Campanha do Norte", os operários desencadeiam uma greve geral no final de fevereiro de 1927 e tomam o controle da cidade. A palavra de ordem dos comunistas: "Viva Chiang Kai-shek, apoiemos o exército da Campanha do Norte!".[85] Aquele exército, que supostamente deveria apoiar o movimento do proletariado, deterá sua marcha a cerca de quarenta quilômetros da cidade para dar tempo ao senhor da guerra local e às gangues armadas para massacrar o maior número possível de operários. Chiang faz sua entrada na cidade após três dias de matanças. O *Pravda* publica a seguinte manchete no dia 21 de março: "As chaves de Shanghai foram entregues pelos operários vitoriosos ao exército de Cantão. Neste gesto exprime-se o ato heroico do proletariado de Shanghai".[86] E o jornal *L'Humanité* no dia seguinte: "Os Vermelhos vitoriosos entraram em Shanghai". Em 12 de abril, depois de minuciosos preparativos, o carrasco abate seu machado. Os soldados de Chiang Kai-shek, os gângsteres, os policiais, as forças das diplomacias britânica e francesa associam-se para acabar com os operários revoltados, com canhão e metralhadora. Os mortos são contados aos milhares. Em Moscou, o golpe é duro para os defensores da linha stalinista, que recorrem a um de seus procedimentos favoritos: a negação da evidência.

---

[85] Harold Isaacs, *La tragédie de la Révolution chinoise* [1938], p. 173.

[86] Citado em "Shanghai, avril 1927 - Le bain de sang du prolétariat chinois arrose la victoire du stalinisme", http://www.sinistra.net/lib/upt/prcomi/ropi/ropiesobef.html, consultado em 18 de novembro de 2014.

Um porta-voz do *Komintern* declara que "a traição de Chiang não era inesperada" e o próprio Stalin diz que os acontecimentos "tinham confirmado a justeza da linha do *Komintern*".[87]

Para encerrar a série de desastres – bem relatada em *A condição humana* e *Os conquistadores* de André Malraux –,[88] os comunistas foram lançados do compromisso mais extremo ao aventurismo mais incoerente. Os dirigentes de Moscou deram ordem de "organizar levantes de operários e de camponeses sob a bandeira da esquerda do *Kuomintang*".[89] Os comunistas chineses obedeceram docilmente uma vez mais a essa diretiva absurda (a "esquerda do *Kuomintang*", o que seria isso?). Eles se lançaram em uma série de aventuras que porta o nome de "Colheita de Outono" e que tem por ápice a "Comuna de Cantão". No dia 10 de dezembro de 1927, alguns milhares de operários enfrentaram soldados, policiais, gângsteres armados e, após terem, a despeito de tudo, ocupado o centro da cidade, instalaram um "soviete dos delegados operários, camponeses e soldados". Mas a massa operária não os seguiu. A partir do dia seguinte, as tropas do *Kuomintang* passaram ao contra-ataque e aniquilaram uma por uma as miseráveis barricadas dos insurretos. Na noite do dia 13 de dezembro, a cidade estava mergulhada no terror.

---

[87] Harold Isaacs, *La tragédie de la Révolution chinoise* [1938], p. 230.
[88] André Malraux, *A condição humana*, trad. Ivo Barroso (São Paulo, Edição de Bolso, 2009 [1933]); *Os conquistadores*, trad. Heitor Moniz (Rio de Janeiro, Editora Guanabara, 1935 [1928]).
[89] Harold Isaacs, *La tragédie de la Révolution chinoise* [1938], p. 335.

> Por muito tempo após a queda das últimas ilhas de resistência, as ruas enchiam-se de estrondos de metralhadoras e mantinham-se repletas de cadáveres [...] "Cantão assemelha-se a um inferno", telegrafava um repórter, "os cadáveres não recolhidos são empilhados ao longo das estradas".[90]

É difícil compreender como os comunistas alemães e chineses puderem seguir diretivas tão incoerentes, como se deixaram levar em direção ao massacre por burocratas longínquos. Eles certamente não podiam compreender que em Moscou seu destino não tinha importância salvo enquanto arma na luta entre Stalin e a oposição trotskista. Para eles, como para os comunistas do mundo inteiro, o prestígio da Rússia soviética estava no mais alto grau. Era impossível para eles sequer conceber que o *Komintern* era dirigido por espíritos primários (Zinoviev) e mal informados.

Hoje em dia é inimaginável que uma revolução vitoriosa possa ditar sua lei às sublevações em outros países. As insurreições dos últimos anos não seguem modelo nem se oferecem enquanto modelo. As insurreições por vir seguirão sua própria via, em sua própria temporalidade, e saberão, esperamos, corrigir seus percursos levando em conta seus eventuais fracassos.

[90] Harold Isaacs, *La tragédie de la Révolution chinoise* [1938], p. 347.

OKLAHOMA

Em 1927 é publicado em Berlim, pelo editor Kurt Wolff, um romance intitulado *Amerika*. O autor, Franz Kafka, estava morto havia três anos. O último capítulo do livro inacabado intitula-se "O grande teatro de Oklahoma". Karl, o jovem cujas desventuras seguimos desde seu desembarque em Nova Iorque, encontra-se mais uma vez em uma situação sem saída, quando em uma esquina percebe um cartaz:

> Hoje no hipódromo de Clayton, das seis da manhã à meia-noite, contratam-se pessoas para o Theatro em Oklahoma! O grande Theatro de Oklahoma vos chama! E chama só hoje, só uma vez! Quem perder a oportunidade agora, a perderá para sempre! Quem pensa no futuro nos pertence! Todos são bem-vindos![91]

Chegando em Clayton, Karl descobre uma imensa pista de corridas e, diante da entrada, "um longo e gigantesco pódio, sobre o qual centenas de mulheres vestidas de anjos, com panos brancos e grandes asas nas costas, tocavam longas trombetas douradas e brilhantes". Tudo está organizado para a contratação dos postulantes: secretários são instalados nos locais das apostas e chefes de gabinete ordenam as candidaturas por profissão, marcam as listas, verificam a

---

[91] Franz Kafka, *O desaparecido ou Amerika*, trad. Susana Kampff Lages (São Paulo, Editora 34, 2012), p. 137. [N. da T.: o primeiro trecho citado foi tomado da edição brasileira da obra de Kafka, já os trechos seguintes foram alterados segundo o modo em que são citados pelo autor].

papelada – Karl não possui nenhuma e, quando perguntam por seu nome, "não lhe ocorrendo nenhum outro", declara chamar-se Negro.

"O grande Theatro de Oklahoma" pode ser lido como uma premonição do mundo capitalista atual. É possível até mesmo distribuir os papéis: soprando nas trombetas de ouro, *Direct Matin* e *France Inter*;[92] distribuindo os formulários, *Pôle Emploi*[93] e a prefeitura de Bobigny; servindo a refeição de contratação, os *Restos du Coeur*[94] e a *cantina da Santé*.[95] Como diz na fila um dos vizinhos de Karl: "Esse teatro tem para mim um ar de uma empresa excelente; é preciso tempo para adaptar-se, mas é assim em toda parte".

Outras trombetas são mais finamente embocadas por filósofos, historiadores, economistas, sociólogos. Eles não se opõem à emancipação humana, bem ao contrário, na condição de permanecerem *realistas*.

---

92 N. da T.: *Direct Matin* [literalmente *Manhã Direta*], atualmente *CNews*, é um jornal francês, impresso e com distribuição gratuita, fundado em 2007 (chamado primeiramente *Matin Plus*). De propriedade do grupo Bolloré, conglomerado internacional de transporte, logística e comunicação, trata-se de um diário matinal pouco informativo e extremamente publicitário que é distribuído em meios de transporte de massa como o metrô parisiense.

93 N. da T.: *Pôle Emploi* [literalmente *Pólo Emprego*] é uma agência governamental francesa criada por meio de uma reforma no serviço público de emprego durante o governo Sarkozy em 2008. O objetivo seria o de criar um único grande interlocutor para os candidatos a vagas de emprego.

94 N. da T.: *Restaurants du Coeur* [literalmente *Restaurantes do Coração*] é uma associação sem fins lucrativos criada na França em 1985. A associação de ajuda alimentar beneficia-se do apoio de diversas personalidades francesas e de uma vasta mediatização, absorvendo a atenção da classe política.

95 N. da T: Referência à cantina da prisão *La Santé*, a única penitenciária da Paris intramuros (ou seja, da região central da cidade).

Àqueles que refletem sobre as insurreições por vir e que se preparam para elas, eles falam como mestres benevolentes a alunos turbulentos: vocês sonham, vocês tomam seus desejos por realidades, vocês sabem muito bem que não são mais do que um punhado, que "a gente" à sua volta está a cem léguas de suas ideias. Ademais, se vocês se mexerem, serão esmagados. E depois, essa revolução, se ela ocorresse, como escaparia da fatalidade histórica, como não terminaria, como sempre, em caos sangrento? Entre as atividades de tais doutos, uma das principais consiste em dissecar em seus desdobramentos derradeiros o mais recente dos avatares do capitalismo, o neoliberalismo – o que lembra o trabalho dos anatomistas de séculos passados, que, não podendo compreender o funcionamento do corpo humano, passavam o tempo descrevendo nos mais ínfimos detalhes as inserções musculares e o trajeto dos vasos sanguíneos, sem outra utilidade que a de justificar sua existência.

Walter Benjamin mostrou em suas desesperadas *Teses* de 1940 que a história é escrita do ponto de vista dos vencedores, mas essa não é uma razão para lê-la com olhos de vencidos eternos. É necessário desfazer de uma vez por todas essa imagem – que os termidorianos há tanto tempo tentam impor – das revoluções passadas como um repertório de catástrofes. A formação de forças revolucionárias passa pela reapropriação de nosso passado.

Mas o caminho está entulhado por palavras. Os operários revoltados carregavam-nas em suas bandeiras, que atravessaram o tempo como balas: "Viver trabalhando ou morrer combatendo". Na véspera dos levantes de junho, os operários parisienses entoavam enquanto marchavam sobre Paris: "Ou Pão ou chumbo, ou pão ou chumbo!". Se tais palavras não se ouvem mais, não é porque a cultura popular da revolta desapareceu, mas porque seus modos de expressão – *RAP*, pixações, lambes selvagens – são fugidios, sufocados pelo som das trombetas. "Paris escolhe dar a palavra ao povo para refundar o pacto republicano, tecer novamente a coesão social e libertar o futuro", escreve a prefeita de Paris em um recente editorial, bela amostra do discurso pantanoso em que se afunda a esquerda desde Jaurès.[96] O que tem por fonte, a meu ver, a lenta e inexorável degenerescência de duas noções-chave das quais emana toda essa confusão: república e democracia.

O culto à República é uma especificidade francesa ligada à lembrança da revolução, com seu imaginário romano. Apesar de todas as distorções históricas, o dia de sua proclamação permanece um excepcional momento de *júbilo político*. No dia 21 de setembro de 1792, a Convenção está reunida para sua primeira sessão, Collot d'Herbois pede a palavra: "Há uma grande medida, uma salutar, uma indispensável, há uma que vocês não podem adiar para amanhã, que vocês não podem adiar para esta noite, que vocês não podem atrasar um só instante sem tornarem-se infiéis perante o voto da nação: trata-se da abolição da realeza". O presidente quer levar a proposta à votação, mas todos os membros da Assembleia se levantam, lançam os chapéus ao ar e, por aclamações unânimes, proclamam a República. No dia seguinte chega a Paris a notícia da vitória de Valmy. A Convenção, em proposição de

---

[96] Editorial da prefeita Anne Hidalgo na revista trimestral *À Paris – La magazine de la ville de Paris*, n 53, dezembro de 2014/fevereiro de 2015. [N. da T.: Jean Jaurès (1859-1914), político socialista francês que defendia uma revolução social democrática e pacifista].

Billaud-Varenne, decreta que ao contar da véspera, todos os atos públicos serão datados do Ano I da República e que o selo do Estado "terá por modelo uma mulher apoiada em um fasces, com uma das mãos, enquanto segura com a outra uma lança coberta pelo barrete da liberdade, tendo por epígrafe: A República Francesa".[97]

Tendo como ponto de partida um entusiasmo como esse, qual terá sido a marcha que nos trouxe à situação em que *A Marselhesa* é assobiada nos estádios? Ao fato de que a Assembleia Nacional tenha podido votar em 2003 uma lei que criava o delito de ultraje à bandeira e ao hino nacional? É que durante os duzentos e dez anos que separam os dois acontecimentos, vê-se a república descer, degrau a degrau, uma longa escadaria escorregadia. Sob a Restauração, ainda se morre por ela – como os Quatro Sargentos de La Rochelle, guilhotinados em praça pública no dia 21 de setembro de 1822, espetáculo que vai marcar para sempre um estudante de 17 anos, Auguste Blanqui. Então, depois dos violentos motins do começo dos anos 1830, o poder tolera uma oposição republicana, mas saída da boa sociedade: os "*juste milieu*" ["meio-termo"], os republicanos burgueses – Lamartine, Ledru-Rollin, Marrast, Arago, Garnier-Pagès – que irão se autoproclamar governo provisório depois da queda de Luís Filipe em fevereiro de 1848 e confiar ao general Cavaignac a missão de massacrar os operários insurretos em junho.

É *a virada decisiva* para a própria ideia de república. O velho sonho de ver a burguesia e o povo, de mãos dadas, terminarem a obra interrompida da Revolução

---

97 *Archives parlementaires de 1787 à 1860, Convention Nationale*, impresso por ordem do Senado e da Câmara dos Deputados (Paris, P. Dupont, 1897-1913), t. 52, p. 73.

francesa, esse sonho é afogado no sangue dos operários. A derrota de junho, diz Marx, mostra que "a república burguesa significa o despotismo absoluto de uma classe sobre as outras classes".[98]

Estabelecido sob a Segunda República, tal despotismo absoluto se prolongará até a Quinta, e carregará consigo desde então uma guerra civil constante, às vezes latente, às vezes ostensiva. Durante longos anos, a república teve tempo de desvelar sua verdadeira natureza. Quando um ministro do interior anuncia hoje em dia que "a ordem republicana será mantida", todos sabem que essas palavras significam o envio de Companhias Republicanas de Segurança aos locais em questão. Quando a questão é a "laicidade republicana", compreende-se logo que se trata de afastar o perigo que representam as jovens que usam o véu e suas mães. Quando se faz apelo à "disciplina republicana" durante um segundo turno eleitoral, todo mundo é capaz de interpretar a situação como o começo de sórdidas fraudes locais. Quanto aos jovens franceses, filhos ou netos de argelinos, que assobiam *A Marselhesa* durante uma partida entre a França e a Tunísia, mostram simplesmente que não esqueceram sua história.

Já a democracia desceu uma ladeira bastante diferente. Antes da revolução, a palavra era empregada apenas em referências à Antiguidade greco-romana. Nunca a encontramos em Saint-Just e raramente em Robespierre, para quem república e democracia são noções equivalentes: "Que natureza de governo pode realizar tais prodígios? Unicamente o governo

---

[98] Karl Marx, *Le 18 Brumaire de Louis Bonaparte* (Paris, Éditions sociales, 1963), p. 21 [ed. bras.: O 18 de Brumário de Luís Bonaparte, trad. Nélio Schneider (São Paulo, Boitempo, 2011), p. 36].

democrático ou republicano: estas duas palavras são sinônimos, apesar dos abusos da linguagem vulgar." A democracia "não é um estado em que o povo, continuamente reunido, regula por si mesmo todos os assuntos públicos, e menos ainda aquele em que cem mil frações do povo, por meio de medidas isoladas, precipitadas e contraditórias, iria decidir o destino da sociedade inteira." A democracia é "um estado em que o povo soberano, guiado por leis que são obras suas, faz por si mesmo tudo aquilo que pode ele mesmo fazer, e por meio de delegados tudo aquilo que não pode ele mesmo fazer".[99] ("Hacer por nosotros mismos" dizem os zapatistas.) Portanto, nada de democracia direta, tal como nas seções parisienses; nem entrega de chaves a delegados, aos membros da Convenção dos quais Robespierre desconfia na mesma medida: é *por si mesmo* que o povo faz tudo o que pode fazer.

O auge, a autonomia da noção de democracia virá mais tarde. A *Democracia na América* servirá enquanto signo e agente de tal noção: o livro, que aparece em dois volumes, em 1835 e 1840, é de sucesso público modesto, mas sua influência sobre "as elites" é imensa. Tocqueville vê a democracia, ou seja, a igualdade de condições, como inelutável, mas perigosa, levando à centralização do poder, à ditadura burocrática e ao tédio: "Passeio meus olhares por esta multidão

---

[99] Maximilien de Robespierre, *Rapport sur les principes de la morale politique qui doivent guider la Convention dans l'administration intérieure de la République*, discurso do 18 pluvioso ano II (5 de fevereiro de 1794) [ed. bras.: "Sobre os princípios de moralidade política que devem guiar a Convenção Nacional na administração interna da República", em *Virtude e terror*, apresent. Slavoj Zizek, org. Jean Ducange, trad. José M. Gradel (Rio de Janeiro, Jorge Zahar, 2008), p. 177-98].

inumerável composta de seres idênticos, em que nada se eleva nem se rebaixa. O espetáculo de uma tal uniformidade universal me entristece e me gela, e sinto-me tentado a lamentar a sociedade que não é mais".[100] Stendhal, que não está no mesmo barco que Tocqueville, tem apesar disso a mesma opinião sobre a democracia norte-americana, o reino dos lojistas e do sufrágio universal, esse "tirano de mãos sujas".

Após o grande salto de 1848, a ideia de democracia passa do especulativo ao conflitivo. François Guizot, cujo poder a revolução acaba de cassar, escreve em 1849, em *A Democracia na França*: "O caos esconde-se hoje sob uma palavra: democracia. É a palavra soberana, universal. Todos os partidos invocam-na e dela querem apropriar-se como se fora um talismã [...]. Ideia fatal, que suscita ou fomenta incessantemente a guerra em meio a nós, a guerra social!".[101] Palavras de um conservador amargurado – o que ele nem sempre foi: é em seu curso, ministrado na Sorbonne em 1829, que aparece pela primeira vez a *luta de classes*, que segundo ele datava da conquista franca do século V e opunha dois povos, um terceiro estado de origem galo-romana e uma nobreza de origem franca.

Como se viesse de outro planeta, de sua prisão em Belle-Île, Blanqui também ataca a democracia:

> Então eu lhe pergunto: o que seria um *democrata*? Está aí uma palavra vaga, banal, sem uma acepção precisa,

---

100 Alexis de Tocqueville, *De la démocratie en Amérique* (Paris, Robert Laffont, col. "Bouquins", 1986), IIe partie, chap. VIII, p. 658 [ed. bras.: *A democracia na América*, trad. Eduardo Brandão (São Paulo, Martins Fontes, 2004), livro II, cap. VIII, p. 406].

101 François Guizot, *De la démocratie en France* (Paris, Victor Masson, 1849).

uma palavra de borracha. Qual opinião não seria capaz de alojar-se sob um tal emblema? Todo mundo pretende-se democrata, sobretudo os aristocratas. Não sabem vocês que M. Guizot é democrata? Comprazem-se os ardilosos com a indeterminação que liquida suas contas; têm horror em pôr os pingos nos is. Eis a razão de tornarem proscritos os termos *proletários* e *burgueses*. Ambos têm sentido claro e nítido; dizem categoricamente as coisas. É o que desagrada. Eles são repelidos como provocadores da guerra civil. Tal razão não basta para abrir os olhos? Então o que será que estamos há tanto tempo coagidos a fazer, senão a guerra civil? E contra quem? Ah! Precisamente aí está a questão que tanto se empenham em deturpar pela obscuridade das palavras; porque trata-se de impedir que as duas bandeiras ponham-se claramente em confronto, a fim de após o combate defraudar à bandeira vitoriosa os benefícios da vitória, e permitir aos vencidos reencontrar docilmente os vencedores. Não se deseja que os dois campos adversários sejam invocados por seus verdadeiros nomes: proletariado, burguesia. Entretanto, eles não têm outros.[102]

Hoje em dia, a democracia é um fetiche, um objeto investido de mágica que substitui o que não se quer reconhecer como um lugar vazio. Não se quer renunciar à democracia porque ela desempenha o papel essencial de consolar uma ausência, a de uma sociedade que teria por objetivo a felicidade comum. Essa palavra-borracha serve de escudo à guerra civil à qual "estamos há tanto tempo coagidos", como diz Blanqui com sua língua ferina. É por essa função mistificadora que Democracia tornou-se a maior palavra contrarrevolucionária de nosso tempo.

---

[102] Auguste Blanqui, "Lettre à Maillard", 6 de junho de 1852, em *Maintenant il faut des armes, textes choisis et présentés par Dominique Le Nuz* (Paris, La Fabrique, 2006), p. 176.

Para que possa cumprir tal função, ela é adaptada, utilizada de maneira diferente conforme o lugar. Para os países pobres e pouco cristãos que não têm a oportunidade de se beneficiar de um sistema parlamentar bem estabelecido – as *terras picantes e macias*[103] das que fala Rimbaud em uma passagem das *Iluminações* precisamente intitulada *Democracia* – a palavra não é acompanhada de nenhum adjetivo: é simplesmente *a democracia*. Assim, as eleições tunisianas de outubro de 2014 – a volta pela força do benalismo sem Ben Ali – foram elogiadas como uma vitória da democracia, uma transição democrática exitosa (fica subentendido, mas fortemente sugerido: tão rara em países árabes). Após a insurreição vitoriosa que perseguiu Compaoré, os militares tomam o poder em Burkina Faso. "A opinião internacional" parece inquietar-se: a democracia estaria em perigo? Mas os militares escolhem um civil como presidente provisório e são anunciadas eleições gerais. "Nós teremos uma verdadeira democracia", diz um membro da *sociedade civil* – outra palavra-borracha.[104]

Em um tal contexto, "democracia" não designa nenhum regime político preciso, basta que eleições façam parte do programa. Pouco importa que estejam distantes, fraudadas, que o resultado seja conhecido de

---

[103] N. da T.: Do original: "Aux pays poivrés et détrempés! — au service des plus monstrueuses exploitations industrielles ou militaires", Arthur Rimbaud, *Poésies, illuminations, une saison en enfer* (Paris, Gallimard, 2010 [1886]). Ver tradução de Mário Cesariny: "Às terras aromáticas e dóceis! — ao serviço das mais monstruosas explorações industriais ou militares", Arthur Rimbaud, *Iluminações, uma cerveja no inferno* (Lisboa, Estúdio Cor, 1972), p. 98.

[104] Entrevista da jovem burquinense Barkissa Konaté à *Agence France Presse* publicada em 17 de novembro de 2014.

antemão. Após a insurreição, o "retorno da democracia" significa que as posições comerciais e estratégicas foram salvaguardadas, que o mercado permanecerá aberto, que o país vai progredir por meio de reformas, rumo ao modo de vida capitalista ocidental, ideal comum ao mundo inteiro. Aqueles que lutam contra a polícia em Hong Kong com escudos de madeira são qualificados como "estudantes pró-democracia".

"As democracias" (no plural) é uma espécie de metonímia que designa o conjunto dos países respeitáveis onde a instituição parlamentar funciona há muito tempo. Mas a palavra é frequentemente acompanhada por um qualificativo porque sem isso ela equivaleria à "democracia parlamentar", cuja decrepitude é hoje tida por um fato estabelecido – encontra-se mesmo em um número recente de *Débat*, revista de um honesto conservadorismo, um artigo intitulado "Como a democracia vai à falência".[105] Por toda parte, a questão é melhorá-la: fala-se de democracia direta, ou participativa – invenção de uma espantosa candidata às eleições presidenciais francesas de 2007 – ou ainda digital, como a ciberdemocracia do movimento *Cinque Stelle* na Itália, que chegou a eleger deputados sem que seus membros mantenham contato senão por meio de bytes. Esses diferentes disfarces têm em comum o mascaramento do caráter perverso da democracia, afirmada igualmente como frágil perfeição atual e como ideal a ser atingido em um futuro indefinido. Entre os dois, ela serve para deslegitimar todo ataque contra a ordem existente.

---

[105] Raffaele Simone, "Comment la démocratie fait faillite", *Le Débat*, n. 182, novembro-dezembro de 2014, p. 14-24.

Se as insurreições que despontam há alguns anos no mundo inteiro são frequentemente estranguladas no estágio de grande motim, sem aceder àquele de revolução, uma das causas disso é o respeito instintivo pelo formalismo democrático. Para conciliar o apreço pela eficácia e a preocupação, legítima, de evitar uma organização de tipo militar que arriscaria instalar seu poder sobre o povo revoltoso, a história sugere exemplos: a Comuna Insurrecional formada diante do Paço Municipal na noite do 9 ao 10 de agosto de 1792, o Comitê Central da Guarda Nacional formada em Vauxhall no dia 15 de março de 1871, o Comitê Militar Revolucionário formado no Smolny no dia 20 de outubro de 1917 – duas dezenas de homens (homens e mulheres, nas insurreições por vir), enviados pelos diversos grupos que se preparam para a batalha iminente. Como são escolhidos esses desconhecidos, a história não conta sempre, mas pode-se imaginar: não por meio de eleição, não há tempo nem cabeça para tal, envia-se ao comitê insurrecional aqueles que parecem ser os mais determinados, os mais experientes. E depois que a insurreição foi conduzida à vitória e assegurou a vida dos primeiros dias, o comitê insurrecional *se dissolve* e cada qual volta às suas ocupações (a Comuna de 1792 permanece depois do dia 10 de agosto, mas como municipalidade de Paris). Um comitê insurrecional é uma espécie de Cincinato coletivo,[106] um *advento de obscuros* como diz Lissagaray, que não devemos temer que se transforme em nenhuma espécie de governo provisório.

[106] N. da T: Político romano e imperador durante dois mandatos por ordem do senado, Lucius Quinctius Cincinnatus (519–430 a.C.) tornou-se conhecido por sua humildade, pois, após resolver uma série de conflitos políticos e militares no Império, renunciou ao poder, retornando à vida pastoril.

O que a história revolucionária mostra é que os momentos mais felizes são aqueles em que o poder *perde toda forma dizível*. Nas grandes multidões insurretas em Paris ou em Petrogrado, em Berlim ou no Cairo, nas comunas de Aragão no verão de 1936, ninguém pode dizer onde está o poder – ele está disperso entre todos aqueles que lá estão. A tarefa dos revolucionários é manter a dispersão do momento insurrecional no que vem a seguir, lutar contra toda forma de hegemonia que se insinue nas fileiras vitoriosas.

Neste livro, tentei aproveitar a calma relativa que precede os compromissos históricos para fazer uma espécie de síntese das armadilhas espalhadas ao longo das revoluções passadas sob a forma de momentos de êxito e de esperança. Pois o instante insurrecional é pouco propício a um tal lazer, e podemos nos arrepender de não termos nos dedicado a isso enquanto havia tempo. Vive-se o suspense de uma era, em que todos esperam pelo fim – o que justamente não ocorre porque estamos ocupados em esperá-lo. O fim não pode vir de si mesmo. Se nós queremos que advenha aquele fim libertador, devemos organizar-nos desde agora, como se ele já tivesse se dado. Porque "a organização não está separada da vida cotidiana, é a vida cotidiana que se desdobra na ação insurrecional".[107]

---

[107] Raúl Zibechi, *Disperser le pouvoir* (Paris, L'Esprit frappeur, 2009), p. 73 [ed. original: *Dispersar el poder. Los movimientos como poderes antiestatales* (Buenos Aires e La Paz, Tinta Limón e Textos Rebeldes, 2006)].

**Dados Internacionais de Catalogação na Publicação (CIP)
de acordo com ISBD**

H428d	Hazan, Eric
	A dinâmica da revolta: Sobre as insurreições passadas e outras por vir / Eric Hazan ; traduzido por Lucas Parente ; ilustrado por Gina Dinucci. - São Paulo : GLAC edições, 2021. 128 p. : il. ; 12cm x 19cm. – (Sujeito Inconfessável)
	Inclui bibliografia, índice e anexo. ISBN: 978-65-86598-06-3
	1. História. 2. História das revoluções. 3. Estudo das insurreições. 4. Vanguarda política. 5. Vanguarda militante. 6. Politização. 7. Revolta popular. 8. Poder popular. 9. Tomada da Bastilha. 10. Queda de Bem Alin e Mubarak. 11. Comuna de Paris. 12. Revoluções Russas de 1905 e 1917. 13. Insurreição Zapatista. 14. Motins revolucionários da Alemanha. 15. China. 16. Espanha. 17. Cuba e Xangai. 18. Autonomismo político. 19. Contra a hegemonia de poder. I. Parente, Lucas. II. Dinucci, Gina. III. Título. IV. Série.
2021-1284	CDD 900 CDU 94

Elaborado por Vagner Rodolfo da Silva – CRB-8/9410

Índice para catálogo sistemático:
1 História 900
2 História 94

978-65-86598-06-3

este livro foi impresso nos papéis Pólen Soft 80gr (miolo) e
Offset 240gr (capa), nas famílias das fontes Bell MT e Alternate
Gothic em maio de 2021 pela Graphium.